2023 全国调味品行业蓝皮书

斯　波　著

中国纺织出版社有限公司

内 容 提 要

本书由中国调味品新特点、三低、预制菜、盲返、消费商五章组成，总结全国调味品的现状和未来趋势，为做好调味品提供技巧和方法；聚焦三低趋势，引领健康调味品的发展；初步探索预制菜产业的现状和发展趋势；将新销售的技巧和内容总结成为盲返的规律性做法，从消费意识出发做出引导；深度概述消费商模式和相关热点。

本书致力于调味的热点探索、规律总结，以期为全国调味品行业的发展持续提供服务。

图书在版编目（CIP）数据

2023 全国调味品行业蓝皮书／斯波著. --北京：
中国纺织出版社有限公司，2023.4
ISBN 978-7-5229-0410-8

Ⅰ. ①2… Ⅱ.①斯… Ⅲ.①调味品—食品工业—研究报告—中国—2023 Ⅳ. ①F426.82

中国国家版本馆 CIP 数据核字（2023）第 044618 号

责任编辑：闫 婷 责任校对：王花妮 责任印制：王艳丽

中国纺织出版社有限公司出版发行
地址：北京市朝阳区百子湾东里 A407 号楼 邮政编码：100124
销售电话：010—67004422 传真：010—87155801
http://www.c-textilep.com
中国纺织出版社天猫旗舰店
官方微博 http://weibo.com/2119887771
北京华联印刷有限公司印刷 各地新华书店经销
2023 年 4 月第 1 版第 1 次印刷
开本：889×1194 1/16 印张：4.375 插页：4
字数：90 千字 定价：100.00 元
京朝工商广字第 8172 号

3D健康

低盐

【菇de盐】家庭用盐
中国发明专利产品,从菌菇中提取营养风味素BNFN,提升低钠盐的口味,鲜咸合一,减钠指数50%,减盐不减咸,烹饪时无需另外添加食盐、味精、鸡精。

【鲜低盐】工业用盐
与中国盐业达成战略合作,针对餐饮行业和食品企业的产品,减钠25%~30%,帮助企业解决烹饪及食品加工过程中的减盐技术难题。

低糖

【D砂糖】
减糖不减甜,以精制白砂糖为基础,添加海藻糖、罗汉果、甘草、甜菊糖苷等天然植物甜味剂,甜度高、热量低,同等甜度,用量约为蔗糖的一半,热量约为蔗糖的50%。适用于烘焙、炒菜、饮品等多种场景,帮助减少糖摄入。

低油

【松茸鲜】
源自菌菇自然鲜味,中国发明专利产品,不含防腐剂、人工合成色素、人工合成香精、蔗糖和脂肪;鲜咸合一,一步到位,提鲜增味又控盐,烹饪时可代替食盐、鸡精、味精和蚝油;适用蒸煮焖烧炖等多种烹饪方式。推荐无油料理,营养美味更健康。

中国发明专利
专利号:ZL200710037656.0
发明名称:增咸、增鲜、低钠功能性复合调味品

中国发明专利
专利号:ZL201611154850.2
发明名称:预防和/或改善心脑血管疾病的保健菌菇汁及其制备方法

中国发明专利
专利号:ZL201710309051.6
发明名称:具有保健功能的菌菇液体酸性调味组合物及其制备方法

菇大厨食品

菇大厨食品创立于2019年,总部位于上海,主要从事3D食品研发与销售、技术开发与咨询、品牌管理与营销等业务。创立至今,一直致力于减盐减糖减油脂的3D健康食品的研发创新,通过生物靶向技术从菌菇中提取营养风味素,与调味品、食品相结合,孕育出如今的3D健康食品品牌-菇大厨。

菇大厨拥有多项中国发明专利,从技术到产品,以科技创新推动企业发展践行《"健康中国2030"规划纲要》的战略目标,研发生产以"低盐低糖低油脂"为核心的3D调料和3D食品,秉承"减盐不减咸、减糖不减甜、特别营养特别鲜"的理念,兼顾营养健康与美味,不忘企业责任与使命,着力支持3D膳食预防和控制慢性疾病,推动世界减盐、减糖、减油事业发展。

菇大厨产品目前覆盖盐、糖、鲜、挂面、生抽、老抽、醋、蘸酱、火锅调料、亚麻籽油等多种调味品和食品,以及节日礼盒采购和定制。同时菇大厨还为餐饮和食品企业提供减盐策略,解决企业减盐难题,降低研发投入成本,让更多的企业参与到全民减盐事业中,推动国民健康建设。

招商热线
400-8713-776
✉ gudachushipin@163.com
🖥 www.gudachu.cn
🏠 江苏省无锡市梁溪区江海西路990号智慧568大厦28楼

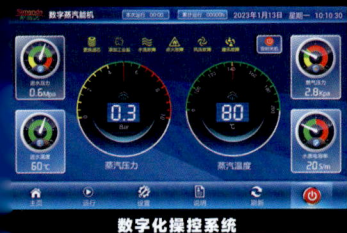

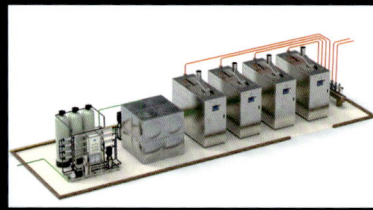

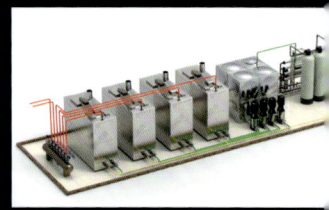

著作组成员名单

斯 波	沈 刚	张 城	阮登明	蔡新华	廖国洪	钟南荣	李德建	周 颖	舒立新
李俊祥	李岳云	李通升	谢长青	杨金平	张 彦	施建平	于连富	朱俊松	赵孔发
陶国平	陈帅荣	田其明	刘元福	赵 辉	刘友辉	许朝辉	崔利新	于海涛	周文德
韦树谷	王德斌	胡学丽	张 敏	陈 超	孙著书	廖运兵	唐春红	刘钟栋	孙 勇
陶贵明	马世玲	赵根修	张 栋	白德华	钟 凯	杨姣平	张 聪	张 俊	刘 飞
钟定江	李山锁	黄德高	冯绪忠	蔡立民	李 耀	陈爱民	韩锦友	杨四春	肖丁凡
陈光友	罗红梅	江新业	冯 远	徐 浩	姜晓东	顾志国	吕翠平	唐 杰	张建平
詹兴超	朱 勇	马福平	刘 晏	俞春山	余春明	李建华	卢冶乾	杨 玲	孟舒池
胡四新	张国相	钟树文	吴庆元	王一平	杨 彬	王志朋	冯建明	陈山信	沈 平
胡 静	李文辉	王海凤	崔 健	刘宏伟	路雨亮	崔江凤	葛海林	李 建	吕江华
王 强	朱华承	刘元涛	游贤伟	侯艳军	邹兴成	郭文军	魏 泉	刘 勇	何爱娥
李 平	庞学伟	牛学敏	潘 龚	贺亚恒	冯 刚	巴玉浩	杨 俊	陈 辉	吴奇安
张骥东	王亚飞	李 彬	张 建	陈 立	刘 强				

题　字

全国调味品蓝皮书　　推动调味品行业发展

——世界辣椒联盟执行主席、国际火锅产业联盟主席、

中国饭店协会火锅专业委员会会长、重庆德庄实业(集团)有限公司董事长

李德建　2016.3.23

调味品蓝皮书引领行业新思路新出路

——著名调味品营销专家陈小龙　2016.3.23

全国调味品行业蓝皮书:服务行业　实现双赢

——四川省川联川菜调料商会会长、四川友联味业有限公司董事长

刘元福　2016.3.23

乐于奉献　光彩人生!

——全国辣椒产业功勋前辈　贾群成　2016.3.25

全国调味品行业蓝皮书:引领行业发展,务实,落地,助推调味品转型升级,功在当代,利在千秋!

——北京仙豪食品科技有限公司董事长、餐饮业国家一级评委、

高级工程师、高级烹饪师　张彦　2016.3.23

蓝皮书是中国调味品行业的福音!

——全国糖酒会办公室主任　古平　2016.3.23

《全国调味品行业蓝皮书》成为中国调味品产业发展的风向标

——四川高福记食品有限公司　高银江

《全国调味品行业蓝皮书》引领调味行业驰向蓝海!

——四川省川联川菜调料商会秘书长、《中国川调》杂志主编　刘君贵

调味品行业蓝皮书引领行业发展新趋势　海科为调味品行业的未来而来

——成都海科机械设备制造有限公司董事长　郑友林

蓝皮书促进行业健康发展

———玉溪滇中云作食品有限公司总经理　谢长青

蓝皮书引领全国调味品行业走向高端品质

———山东味正品康食品科技有限公司总经理　于海涛

高温杀菌新工艺把食品安全做好,与蓝皮书共同发展,走向世界,把食品安全做好。

———山东诸城耀盛机械有限公司董事长、著名高温杀菌专家　孙著书

独具视角话行业,精准服务为企业,年轻时尚亦引领,传承中国好味道。

———中国食品工业协会品牌专业委员会　广晋川　2018.3.24

让《2022 全国调味品行业蓝皮书》成为中国调味品行业发展的指路明灯。

———四川峨眉电影频道《四川味道》总制片人　钟伟　2022.2.25

让蓝皮书走向世界!

———西安　宋志　2017.3.23

让全国调味品蓝皮书成为调味品行业的指南。

———黑龙江省调味品协会　张志明　2017.3.23

蓝皮书指导中国调味品行业

———济宁玉园生物科技有限公司董事长　赵向东

蓝皮书一心为行业,我们愿意添砖加瓦,尽力支持

———杨姣平

伟大和渺小是此刻最好的体现

———何明

为你点赞,为中国味道付出一切美好!

———大庆庆吉特食品有限公司董事长　田雨军

全国调味品行业蓝皮书　专注、专业、行业领先

———四川成都仙厨味业　巫和建

工匠精神

     ——山东省辣椒协会会长、山东英潮集团董事长　谭英潮　2017.3.23

用工匠精神去做调味品弘扬中国味道！

     ——抚顺独凤轩骨神生物技术股份有限公司董事长　于连富　2017.3.22

调味品让蓝皮书走向世界

     ——湖南开口爽食品有限公司董事长　周志锋　2017.3.22

蓝皮书对中国调味品行业有极大的推动作用

     ——北京神州味业科技有限公司总裁　江新业

传播美味正能量，功德无量的为千家万户送去美味，将美味进行到底是我们的责任和使命

     ——郑州市恋味实业有限公司董事长　赵根修

前　言

　　《2023 全国调味品行业蓝皮书》由中国调味品新特点、三低、预制菜、盲返、消费商五章组成。中国调味品新特点总结全国调味品的现状和未来趋势,为做好调味品提供技巧和方法;面对健康需求的上升,大量数据聚焦形成三低趋势,引领健康调味品的发展;与调味品相关的预制菜成为热点,单独成章讲解,初步探索预制菜产业的现状和发展趋势;将新销售的技巧和内容总结成为盲返的规律性做法,从消费意识出发做出引导;消费商连续 8 年成为蓝皮书讨论重点,实现消费商的深度概述和创新。

　　相比 2021 年的微量增长,2022 年全国调味品行业发展呈现不可逆的特征,体现在社区团购异常火爆,私域增长激烈等方面。重质降量的调味品企业持续发展,大多数有量无利的调味品面临困难,有机绿色调味品发展势头迅猛,三低健康需求日益增长,调味品消费的品质需求依然强劲,精准销售把个性消费做大,同质的、没有原创优势的调味品无路可走。预制菜促进调味品科学、合理、全球化发展,展现出中国味道的强大影响力。

　　数字消费迎来机遇,数字化赋能促进消费增长,国家鼓励加快线上线下消费融合,积极发展数字消费,这也充分说明消费才是调味品的竞争力。短视频、直播等社交电商的发展为新消费注入了活力,迎来了人人都可以成为消费商的新时代,消费者成为消费商,消费商成为消费大使,为人们过上美好生活提供了多个渠道。传统的调味品销售慢慢褪色,数字销售不断崛起,与社区团购、消费商、盲返、复购等多方面进行结合,为调味品发展找到新的出路。

　　感谢一如既往为全国调味品行业发展贡献力量的同行,感谢全国调味品行业蓝皮书工作组的全体同仁。

　　全国调味品行业蓝皮书一直致力于调味的热点探索、规律总结,为全国调味品行业的发展持续提供服务。由于作者水平有限,本书仍有不足或错误之处,诚挚欢迎广大读者批评指正。

斯　波

2023 年 2 月 22 日于成都

目　录

第一章　中国调味品新特点

一、调味品的"味"

1. 记忆

能够使消费者产生记忆的"味",才是消费者认可的"味"。记忆的味道成就越来越多的品牌、产品和商业,诞生越来越多的经典味道。

2. 灵感

调味品与食材的有机结合,迸发出新的灵感,实现调味品的商业价值。

3. 味的认识

获得消费者认可的味道不会过时,可以将记忆中的味道进行分解、剖析、复制、调配、模仿、优化、改良等,产生新的记忆。

4. 烘托之味

特定风味的调味品可以烘托气味,为消费者带来良好的情绪和美好的记忆,这是一件非常有意义的事情。

5. 味之香

调味品的草香、清香、木香、花香、茶香、辛香等可以给消费者带来的轻松、喜悦、自然的体验。

6. 味之别

调味品的味在不同的时间、不同地点、不同场景、不同气候、不同消费、不同区域、不同氛围中都会产生区别。

7. "味"的认可

(1)消费认可。

调味品的气味为消费者带来不同程度的愉快情绪,获得的消费认可也就不同。

(2)味是灵魂。

味是调味品的灵魂,如何获得人们的认可不是一件简单的事,只有用心才能实现消费的复购。目前调味品行业对味道的评价体系还处于起步阶段,更多调味品从业者尚未有这样的认识,粗糙滥仿的味道非常多,经典的味道凤毛麟角。

(3)好味道。

好味道的机会非常多,全国各地都有特色风味,获得消费者认可的特色风味具有长久的历史和记忆传承,会带来五彩缤纷的调味品享受。

(4)认可价值。

味道越传统消费的价值越大,消费者越认可,消费频率越高,没有持续的投入不可能实现一流味道的开发,一流的味道也就是消费者最认可的味道。

(5)消费生命力。

忽视味道而开发的调味品不可能获得更多或持续的销售,模仿调味也不可能持续发展,从基础做起的调味才有生命力。

8. 调味的困难

(1)"一流"很难。

调味实际很复杂,不是每个产品都能使消费者满意,诞生一流的产品是比较困难的。

(2)源头控制难。

对味道源头的控制可以体现竞争优势,没有源头的调味会造成一些调味品类别销量很大,但利润很薄,产量很大,但单一产品产值不大的现象。

(3)影响因素多。

气候、温度、时间、工艺、加工细节、过程控制点、供应、市场、销售、资金、年份等因素会导致调味品的"味"得千差万别。

(4)需要全方位努力。

智慧、智能调味带来新的手段和措施,增加味道的创造办法,将消费的灵感升华为产品,满足更多人的本真需要,实现人们对味道的真实追求。

(5)付出不一定有收获。

不是每次调味都会成功,每个味道带来的愉快感都有区别,模仿后的水平也大相径庭,不是所有的调味都有市场价值,很多调味的价值微乎其微,要遵循市场规律才能获得调味价值。

9. 获得不同的"味"

(1)生产条件不同。

同样的调味品原料在不同地方生产可以产生不同的味道,四川的青花椒不同于贵州、云南、重庆等地方的味道,细分到每个地方的不同也是不一样的,在同一地区因为种养条件不一样、标准不一样,产生的结果也不一样,因为选择的成熟度和加工处理方法等也有区别。

(2)细心探究。

"味"源于多个方面,需要丰富的经验、高超的调配技巧、创新的思维,才能敏感地捕获到消费者的需求,制造出具有记忆点的香味。味道的挖掘需要花费一定的时间、精力,细心探究消费者喜好,不断学习、不断革新自己,才能够实现味的优势矗立。

(3)创造需求。

味道需求的创造需要大量的工作,带来的机会也可能非常多,数以万计的风味有待开发,市场潜力巨大。

(4)关键技术。

味道研究成为调味品的关键技术,但是在这方面坚持下来的企业上少之又少,消费认可的味道增量不断加倍,坚持传统风味产业化有很大的机遇。

(5)当下现实。

现有调味品市场模仿跟风现象严重,一直混杂在市场中,例如,消费者认可的芝麻味、辣椒味、花椒味、芥末味等有多种相似的产品。

(6)2022年全国消费风味分布(图1-1)。

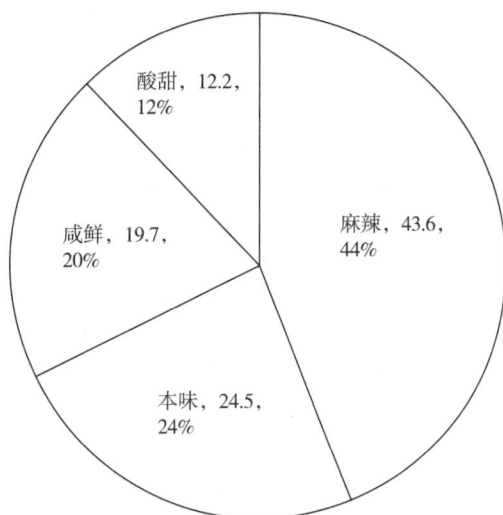

图 1-1　2022 年全国消费风味分布

二、调味品新变化

1. 销售方式变化

销售方式多样,总体上在不断优化价值需求,消费者需求越来越高,"吃好"的需求给传统销售带来困难。数字化销售高速发展,新销售的挑战不断,销售的办法和手段复杂,消费需要的水平远远高于生产企业的水平,消费更新速度快,升级迭代不可逆,数据导向消费调味的趋势明显,创新消费改变调味品的购买力。

2. 吃的质量变化

消费重质不重量,以成本定价的时代结束了,人们需要的吃的质量获得大大改进,24.87%的消费者愿意选择有机调味品,消费者对健康的需求越来越高,吃好是必然的选择。关于吃的变化为调味品提供多种多样的机会。

3. 韧性

调味品的韧性消费特点使其获得更大的市场,季节性、时令性、差别性都直接影响着调味品的韧性特点。

4. 好产品的"好"到底是什么

能够获得消费的产品才是好产品,消费越多证明产品越好,消费的多少就是产品的证明力。传统消费难以改变,直接替代更是难上加难,只有把消费的作用做到极致,自然形成无法替代的消费。消费的变化非常大,实现特定消费是调味品价值最大化的体现,抓住特定的消费人群是调味的出路。

三、新调味品开发规则

1. 开发成功判断 (图 1-2)

现有的调味品市场规模很大,消费的传统调味非常多,饮食文化的潜力非常广泛,消费的趋势和需求演变成为调味品,具有味道的独特性、消费的认可度、普适的消费基础、小众特色和大众普

$$消费调味特点 \times 标准化使用率 \times \begin{array}{c}需求\\消费习惯\\消费场景\end{array} = \begin{array}{c}调味品开发\\成功判断\end{array}$$

范围　　　潜力

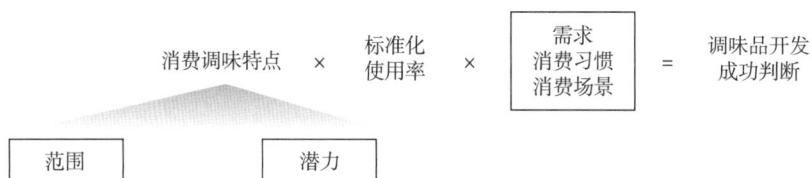

图 1-2　中国调味品开发成功判断

及相融合。消费者对"吃好"的向往,促进了调味品升级换代,弥补传统调味品的缺点,高品质、健康的有机调味品进入市场。在消费习惯方面,对原有的消费提质减量,不断创新消费场景,获得更高的消费认可度,成为新的调味品开发之路。

2. 细分开发

细分消费的潜力巨大,消费的精细程度不断增加,消费的数字化更加精准,不断满足消费,带来更大复购力。

3. 高效开发

根据调味品开发判断标准,找到新开发调味品的机会,以及市场消费、销售潜力的落脚点,实现高效开发,少走弯路,很多企业浪费了大量的人力、物力、财力,但是半途而废。

4. 消费调味的特点

消费调味的特点是长时间形成的,根据调味的特点抓住市场是做调味品的根本,而不是市场上有什么我们做什么。

5. 开发特色

开发具有地方特色的调味品,实现调味品的全球化销售,每年都可以获得不断增长的消费。

6. 做实工作

消费基础是现实的,不是我们强加出来的,这就是中国调味品经久不衰的原因,也是很多照搬国外调味品没有结果的原因,失去消费的基础无法获得消费的增长。

7. 开发潜力

开发调味品的潜力,获得全国人民乃至世界人民的认可,满足人们美好生活的需要,兼顾小众和大众融合,才能实现调味品市场的可持续发展。

8. 万吨示范

特色餐饮和大众餐饮不断标准化,满足地方和全国需要。果酸类、菌类、番茄类等调味品万吨需求量的现成市场的兴起就是在原有消费的基础上形成的。

9. 开发新调味品的关键要素

(1)弥合消费带动。

味道的开发要便于记忆,记忆性越强,消费的频次越多,使用的概率越高,抓住特色味道,找准消费认可的味道和消费的味道之间的差距,弥合消费带动。

(2)无法替代性。

开发无法替代的调味品就会获得大市场,甚至可以实现单品约二十亿的年销售,这就是调味的核心关键。

(3)竞争力。

消费的饮食文化、饮食方式、饮食体验给调味品开发留足了空间,需要做细消费,才能使调味品具有真正的竞争力。

(4)底层消费逻辑。

深挖消费习惯、消费历史、消费传承,抓住消费心理,复原人心底深层次的消费逻辑。

(5)消费外延。

消费调味的方式多种多样,找到核心需求的外延性,拓展到不同人群、地域、场景,创造新调味。

(6)"画龙点睛"。

消费是有规律性的复购,调味正好就是促成复购的关键,调味品在餐饮上具有画龙点睛的妙处,做好调味品的关键也在于对食物进行调味的"画龙点睛"。

四、调味品是餐饮刚需

1. 2022 年餐饮成本组成(图 1-3)

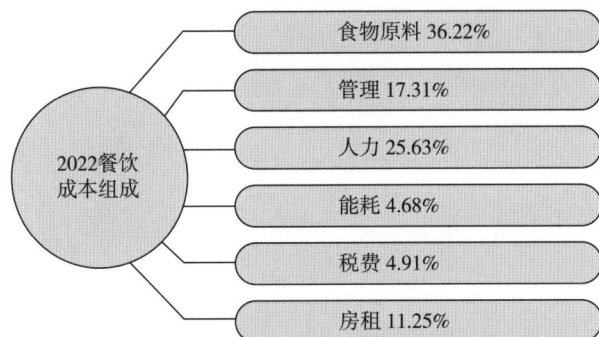

图 1-3 2022 年餐饮成本组成

2. 调味刚需

调味品是满足消费的必备之物,味道具有吸引力,餐餐需要的特点是无法改变的。

3. 广泛食用

调味品消费的场景广而多,便于结合多种事物,实现多种用途,调味品就是因为可以广泛食用才有巨大的需求量。

4. 频次极高

调味品消费的次数和速度都是非常快的,在所有食品消费速度中都处于比较领先的地位,几乎每个人都需要。

5. 餐饮消费调味品的特点

(1)餐饮离不开调味品。

满足餐饮的稳定发展离不开调味品产业的发展,调味品不断发展才能满足餐饮的需求,调味品高质量发展才能实现餐饮的高质量发展,餐饮数字化、标准化、明厨化、智能化、体验化、高效化、立体化离不开调味的支持。

(2)餐饮社会化。

调味品的多样化、便捷化、人性化、可量化大大满足餐饮消费的社会化进程。

（3）餐饮发展的基础。

中小餐饮的快速发展，离不开调味品这个基础，调味品为其高效发展奠定了未来，创新了越来越多的调味品。

（4）助推餐饮转型。

调味品推动传统餐饮数字化转型升级，促使传统餐饮革命，地方特色餐饮崛起，充分体现传统餐饮差异化、开放化、外延化、智能化、精细化、多元化、地域化、复杂化、源头化、项目化、特色化、新消费化等特点。

（5）重构价值。

调味品促进餐饮的重构，中小企业获得机会，优化调味与餐饮结合的生态圈。餐饮文化赋能调味品发展，供应和消费的全球化得到实现，调味品不再仅仅是国内市场，开始了助推世界共享的中国调味品新时代。

（6）解困突围。

调味品销售的困难不少，机会也不少，有长期问题，也有短期突围的机会。目前调味品消费不彻底不充分，产业链不完善，有机调味品尚未完全发展，可延展空间巨大，抓住突局之处，恢复消费信心，促进调味品行业的多方面发展。

五、调味品消费的灵魂

吃好才是正确逻辑，先有消费才有调味品，做好调味品的消费，重点区别隐形消费、即食消费、动态消费、复合消费、连带消费，助力餐饮的扩张和变形，实实在在地将商品和产品区分开来，促进消费增加。

1. 如何让调味品说话

（1）话语权。

通过调味品借力实现话语权，借势实现调味品的地位，借道为调味品消费奠定基础，顺应当下流行趋势而为。

（2）精准对接。

让消费者参与调味和消费，便于精准对接，兑现和分类不同的消费群体，生产"会说话"的产品。

（3）盲测数据。

什么是好的调味品？盲测率一定要大于80%，通过口味盲测的味道才是硬道理，结合消费变化做成数字分析，做到更新消、创新销。

（4）数据消费。

如何知道多少人在采购？供需对接的信息从何而来？得到消费的直接数据，就可以利用供需大数据指导消费。

（5）有效信息。

对于不同企业，不是所有的餐饮、预制菜、调味品相关数据都有效，过滤掉没有价值的数据，即时追踪消费变化的数字化，实现购与销平衡。

（6）如何获得落地消费？

把消费调味品做出示范,让消费的销售链增长机会更多,认真执行消费,变现调味复购,精准到每位消费者。

（7）自成消费。

对消费的虚实做有计策的跟踪,消费者参与的自愿性提高,超出消费者期待,提高变现能力,让人人自动增值,自成消费。

2. 高度链接

很多人、很多企业、很多品牌还在期待过去信息不透明时代的红利,那个时代已经一去不返了,有些企业已经能够精准实现资源的高度结合、消费的高度链接。

3. 深度运作

高低品质混淆行业发展,大量的有机调味品还未诞生,值得大量投入资源进行深度运作。

4. 消费为本

（1）核心。

单品年销售过亿的调味品仍然不多,照搬别国思维不可能成立,调味品的核心竞争力之一的香辛料的深度研发还未开始,香辛料基本处于原始产业阶段,调味品的春天还未到来。

（2）新变化。

新消费的机会更多,新消费催生特色调味品更多,新的调味方式也会更多,新的市场和消费行为也必将出现。

（3）找机会。

从消费中找到调味品真正的机会,满足消费的期待,这是需要我们努力去实现的关键。

（4）私域消费的复购。

常规的调味品发展受阻,有量无利是普遍现实,私域的增长成为复购的最佳体现,维持总体规模微微变化是前些年调味品产业特点,也是很多对调味品产业没有精准消费意识的表现,导致很多报道失实。

（5）私域增长就是增加消费者。

消费者的增加主要体现在消费的质量,私域增长将不断出现新的趋势,带来消费调味品的新变化,尤其对全球化的消费影响很深。

（6）贴近年轻人生活方式的调味。

年代感是现在不可回避的,只有贴近消费者才有获得认可的潜力,可以直接转变成为味道的开发和迭代。

（7）"拼"。

不断的"拼"法改变使调味品越来越好,也就是拼产品、拼人品、拼组织、拼品牌、拼服务、拼复购。

5. 技术革新

技术更新缓慢一直阻碍着调味传统行业的发展,新的技术颠覆企业的未来,新鲜调味品的发展将让越来越多现在的传统调味品企业发展更加困难。

6. 数字运营

数字化能力强,管理和消费平行,组织和模式创新,形成全员营销、全员消费商的局面,打造立体化的数字消费,体验消费创新高,私域成为最大的亮点。

7. 创造变化

8. 提高复购率和转化率,实现导流和裂变,创造消费需求就是调味的灵魂

9. 灵魂在"消"

照搬模式失败,人们的生活方式的改变快速催化了复合调味品的发展,调味发展必须健康化、功能化、场景化、体验化、多元化、细分化,实现多方面的消费调味品。中国调味复杂,不可能实现调味集中,调味品的特性已经成为现实,单品过亿的调味品如何做,关键在于消费。

六、调味品销售的办法和措施

1. 吃的出路

如何吃是销售调味品的出路,解决吃才是销售调味品的关键点。

2. 消费群体

研究调味品的消费群体,不同的调味品消费群体具有不同的特征,只有针对性地深度挖掘消费群体特点,才能做强调味品牌。

3. 消费链

调味消费链是调味品竞争力的体现,链式消费才能具有抗压能力,很多调味品经久不衰也是这个原因。

4. 动消

随着消费的变化,需要调味品动起来,只有动起来才能满足消费带来销售。

5. 找增值空间

找到调味品的增值空间,不同的调味品消费的空间不同,需要针对性地找到优势点。

6. 体验致胜

对于调味品体验消费,只要做好调味功能,消费调味品的价格影响不大,价格不再是决定性因素。

7. 消费关系

明确健康与调味品的关系、人和调味品的关系、消费和销售的关系、工厂和消费商的关系,把这些系统的关系转变成消费行为。

8. 细化价值

根据消费的层次和类别细分消费,实现调味品的价值,通过吃法的改变创造效益,结合所有资源做成消费数据说话的样板。

9. 强化消费商

强化消费商作用,抓住消费热点,迎合而上,调味消费为消费者带来好处,满足消费者需求。

10. 赋能

用调味品赋能创造事业,为了体现调味品的效用,把调味品做成活广告,销售调味品就不困难了。

七、调味品销售的逻辑

1. 销售与消费

销售诞生调味品转变成消费诞生调味品。目前,消费带来的调味品形成一定势力并不断加强,消费商涌入调味品销售日渐成熟,消费商的销售能力在不断加强,从而带动了复购。

2. 消费商社会化

社会化、组织化的消费商成为新的营销模式,需求带来的消费商可以实现每位消费者的价值最大化,调味成为餐饮、企业、家庭、个人、外卖、连锁等多方面共同的愿景、使命、目标,调味也是让消费商、生产商共同产生凝聚力和组织力的基础,激活调味的创造力和影响力。

3. 做好消费

调味品已经从个人企业思维转变成为社会需求现实,消费才是调味品生长的土壤,做好消费才是做调味品销售的本义。

4. 多元数字化

多元化的消费不是单一调味品可以满足的,消费实现数字化转型升级促进了消费做主的时代的来临。

5. 硬通货

消费才是评价调味品价值的核心,做细、做精、做准调味的消费才能实现调味的价值,消费调味的价值才是硬通货。

6. 生命力

调味品消费的规则和认知已经大大改变,创造性消费成为新趋势,新消费成就新调味品多种多样,消费的忠诚度决定调味品的生命力。

7. 生命线

调味品的发展具有让人们吃好的使命感和责任感,抓住消费才是抓住调味品的生命线。

八、打磨调味品的灵魂

1. 调味品解决的是什么

赋予人们生活的品质、品味、品位,调味品解决的是人们吃好的问题。

2. 怎么做好调味品

将调味品升级成为会说话的调味品,无论是赋能食材还是赋能菜品都是最好的办法,与厨艺结合,发挥最大价值。

3. 什么样的调味品好

人们每天都吃的调味品就是好的调味品,每天都愿意接受的调味品就是最好的调味品。

4. 调味品消费的核心价值是什么

高品质的需求就是调味品的宗旨,满足需求成为消费的核心价值,只有这样才能做到消费和需求的平衡,有合适的定价、合适的认可、合适的选择。

5. 重复消费

消费调味的复购在于消费的重复性,重复消费才是调味品发展的根本属性,单一产品能够"出圈"就在于它具有消费重复的灵魂。

6. 调味品发展逻辑形成 (图 1-4)

消费 ▶ 记忆 ▶ 重复 ▶ 复购

图 1-4　中国调味品发展逻辑形成

九、调味品竞争力

1. 评估模式 (图 1-5)

调味品竞争力评估

消费基数 × 复购率 = 调味品竞争力

图 1-5　中国调味品竞争力评估

调味品的竞争力是消费、复购形成的话语权,每个调味品的竞争不一样,消费认可也就不一样,可以对企业产品竞争力进行评估。目前,调味品市场上没有竞争力的产品太多,没有消费的复购,让企业的发展也举步维艰。

2. 时间差异

没有永远的王牌产品,但是永远有消费,20 世纪 80 年代畅销的辣椒酱与如今畅销的辣椒酱区别很大。

3. 消费程度

脱离消费的调味品不会长久,持续消费的调味品才能生存下来,满足消费的程度就是调味品价值的体现。

4. 自我竞争

调味品在一定程度上存在自我竞争,没有绝对的竞争对手,只有相互成就的市场认可。

5. 独特价值

调味品的独特性实现了分工合作、满足消费、创造消费,体现的是相互支持的氛围,如此才能实现优势互补、完善自我。

6. 发展核心

调味品发展没有核心竞争力,只能是昙花一现,部分品牌消失也是因为如此。

7. 本质思想

围城思维的调味品难以获得超级增长,固守于本质的变化,受到一定的思想束缚。

8. 多维链效应

明确消费商与消费调味品的关系,抓住消费的记忆点,掌握调味消费规律,复制消费的热点,打磨调味的消费体验,多维度形成链式消费的带动,持续地、稳健地、高效地执行调味的消费商行为。

十、特色调味品的机会

1. 增鲜调味品

消费习以为常的增鲜特色调味品,实际上是最常规的调味需求之一,也是日常必需的。

2. 增味调味品

不同来源的味道具有不同的消费记忆点,增味调味品具有非常大的机会,尤其是酿造的氨基酸类、蔬菜类、海鲜类、肉类等调味品都具有非常丰富的增味效果。

3. 增香调味品

天然醇香一直备受人们的喜爱,尤其是天然植物类的香味让我们越来越喜欢,葱香、蒜香、木香等都具有很好的开发机会。

4. 个性化消费的调味品

消费认可的一些地方特色,深度开发将非常有话语权,可以带来源源不断的消费。

5. 木香味调味品

独特的天然味,木香就是典型之一。

6. 芥末味调味品

芥末味具有很强的冲击力,记忆能力强。

7. 香草味等调味品

香草是常规风味之一,能够不断实现消费的认可。

8. 植物基系列调味品

人们选择植物基系列调味品的优势明显,很多调味品属于植物基系列调味品,例如,酱油、食醋、黄酒、酱类、酸汤,等等。

9. 三低调味品

消费认可的具有三低特点的调味品,如何实现三低为健康而努力,值得企业深思。

10. 其他特色调味品

尤其值得推荐的麻辣小龙虾专用调味品,已经实现单品数亿的年销售额,成为特色调味品的典范。

十一、如何拿到调味品销售订单

1. 样板示范

做样板的效果是一目了然的,现在的销售与原来完全不一样,数字时代的销售催生了更加直接的消费,并且出现了前所未有的隐形消费,电商的出现让一些传统企业受到冲击,即便如此,如果调味品本身的优势不明显,直播等营销手段都没有意义,没有产品力,营销手段就没有价值。

2. 快速触达消费者

开发满足消费需求的调味品,快速触达自己的消费者,利用众多渠道缩短消费者触达产品所消耗的无效时间,最大化实现消费调味的价值。

3. 抓住要点

调味品到底是卖什么,怎么卖,消费在哪里?抓住消费才能销售调味品。

4. 消费升华

消费者为了你的调味品付出就是消费的开始,消费秘诀就是执行一致性的订单,做细工作,以满足消费者需求为宗旨,实现消费内容的升华。

十二、走出调味品销售的困境

1. 出路在哪里

找到产品与消费需求的衔接点,通过调味去满足消费者的需求是走出调味品困境的出路。

2. 细化调味品的作用

很多调味品具有不同的作用,根据消费将调味品做细,满足消费者的多种需求。

3. 用途创新消费

在调味品的使用方面下足功夫,通过用好调味品实现消费带动,走出困境。

4. 通用性

推广调味特色的关键之处就是调味品的通用性,将通用性做成调味的刚性需求。

5. 潜在性

潜在消费需求和生产企业餐饮需求促进了调味和食材的结合,实现了调味功能和优势的升级。

6. 理顺通道

从调味品消费的困难出发,找到调味品整个消费链的通道。

7. 互动消化

实现一种调味品有多种吃法,通过调味和消费者之间的互动来改变消费方式,实现合理消费,消费调味的价值而不是价格。

十三、疫情之后调味品发展的机遇

1. 消费为本

抓住调味的内容,通过内容打动消费者,实现消费。

2. 细出效

抓住消费调味的趋势,解决如何吃好的问题来实现精准的消费,已出现私人餐厅、私人厨房等一对一的服务,服务和调味品融合在一起,实现单一消费者的定额服务。

3. 精到位

消费的定位只是过程而不是结果,没有消费一切都等于零,做精产品,做到每个人、每个月、每个地区、每个季度统一定价,实现精准消费。

4. 频出级

消费淘汰制度留下了销售频次高的调味品,没有牢牢抓住消费的调味品是销售不出去的。

5. 消费热点不减

(1)消费层次提高。

消费层次的提高让消费的选择数量减少,质量要求和个性化要求增加,需求的变化增加。

(2)消费花费更加谨慎。

消费的支出更加谨慎,不方便的消费和不必要的消费尽量减少,精准消费增多。

（3）消费信心回升。

消费者的需求和消费认可的变化,满足需要的信心增加,78.5%的消费接受信心力增强。

（4）乐观消费。

短视频购买率达到64.5%,乐观消费的消费达到81.2%。

（5）垂直消费成为必然。

信息的高度融合,消费之间的弯道消失。

（6）消费更加理智。

浪费性的消费大大减少,名正言顺的消费出现,消费更加科学、合理。

（7）消费赢得市场。

改变人们的消费主义从消费者做起,市场需求得到缓解。

（8）消费体验的优势。

消费的体验是必然环节,体验的优势越来越明显。

（9）中国调味体验场景(图1-6)。

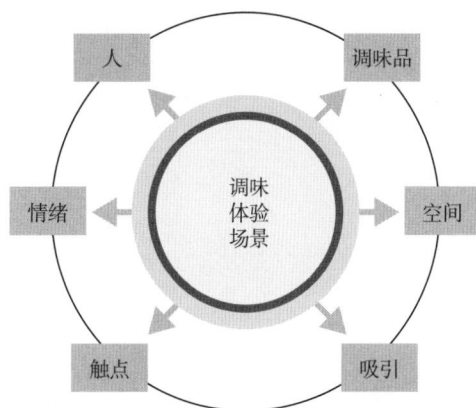

图1-6　中国调味体验场景

6. 社团消费热潮

（1）社区调味。

满足消费刚需的科学吃法,实现健康的消费,满足社区需求。

（2）社区消费交换(图1-7)。

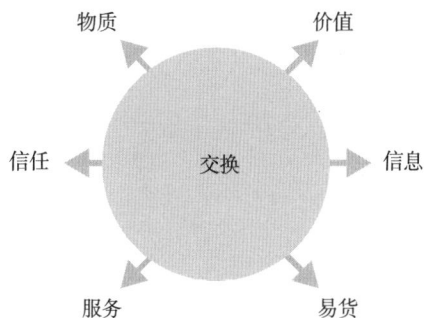

图1-7　社区消费交换

（3）社区调味的场景（图1-8）。

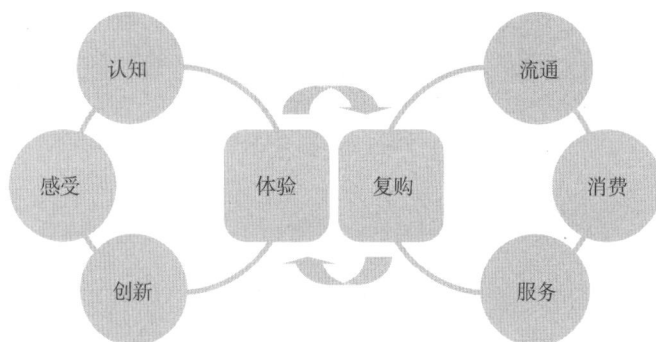

图1-8 社区调味的场景

（4）社区团购。

社区团购更加成熟,团队更加高效,匹配更加完善,消费更加理智,这是疫情催生的产物,创造个性化消费场景,复购率不断增加,调味黏性更加稳固。

（5）社团消费裂变。

没有相同的消费,但是消费在社区的团购是有规律的,消费的裂变产生巨大的需求量。

7. 私域增长

（1）私域机会点。

私域是利益链的整合,具有特色的调味品做到服务的价值远远大于调味品的价格,这就是给调味品私域空间的机会。

（2）增长特点。

私域调味的价值具有数据化、清晰化、个性化、精细化特点,增长特点明显,非常具有价值传递功能。

（3）私域裂变。

消费调味品的新分配,在私域消费领域内是可以实现裂变的。

（4）创新价值和体验。

私域的服务特征改变传统调味品的生存法则,增加了调味价值。

8. 热点调味依然存在

（1）热点不变。

消费的需求才是最好的体现,火锅、小吃依然是最佳选择之一。

（2）高品质。

调味品行业发展趋势围绕调味品品质来,高品质消费的调味不降反增,提高了消费的认可度,品质的高低就是从源头到产品的全链竞争。

（3）产品为王。

调味品就是活广告,产品为王的规则始终不变。

（4）数量发展合理化。

通过质高量少来维持生活品质,消费的现实需求最为重要。

（5）认知增加。

对调味品的认知增加,不再是拼比价格和原料优势,而是调味的直接消费。

（6）消费信心。

调味品的消费信心就是调味品的发展方向,对调味品而言非常重要。

（7）增变术。

分享购、拼购、联动引流、盲返兑现、盲盒奖励等多种手段和措施,改变调味的动能。

十四、调味品的发展趋势

1. 全新变化

注重质量,优化结构,拔尖增长,数字多极,新消费的调味品不断出现,传统分类的调味品将会淡化,新消费,新品牌,新产品,新供给,新渠道,新人群,新体验不断出现,微电影、短视频等不断改变对直播的认知,带来新的消费方式。

2. 价值颠覆

调味品可持续稳态发展成为隐藏商机,调味品开发的关键不再是价格而是健康。私域流量发挥巨大的作用,公域资源可见底,溢价、涨价的方式已经过时,变革消费数字化带来新销售,价值和价格协调化发展,银发消费更加健康,增加可持续调味竞争力,实现调味价值最大化。

3. 调味价值明显

调味的作用产生合力的消费,满足生活需求,实现预想不到的价值。新的调味品对传统消费进行改造,改善人们的生活水平和消费意愿,不断释放新的消费潜力,实现调味品企业的服务升级,改善餐饮业发展的现状,体现调味品价值。调味的作用力就是让消费者"吃好"的需求不断得到满足,调味品消费整体好转,价值也大大提升。整个消费调味的环境发生巨大变化,在吃的细节方面发生重大升华,消费的定力增强。无论市场和消费如何变化,集中精力满足消费,超出消费者的期待都是不变的原则。

公域流量寻找潜在客户,私域流量实现精准消费服务,取长补短,协调发展。调味和消费是激活私域复购的密码,如何用好这个关系非常重要。消费认可的无标签调味品独具一格。花样繁多的团货出现,使服务更加周到,改变人们需求的本质变化,在动态中获得消费和销售机会,摒弃传统思维,形成消费者参与的调味,提高竞争力。

4. 消费调味品心智

（1）满足需要。

消费调味品的心智才是真正的价值体现,满足消费者心智就是最大限度地实现销售调味品。

（2）消费心智的特点。

有效的认知,差异化的表达,高感知价值激发的功效,在重复传递消费时经常出现,让消费更加顺畅。

（3）消费心智的过程（图1-9）。

（4）"十大卖点"。

根据消费者的需求、可以满足的条件,找出调味品的十大卖点,围绕十大卖点来实现调味品满足人们需要的工作,把消费调味品的内容做得越细越好,把十大卖点做到消费者心中。

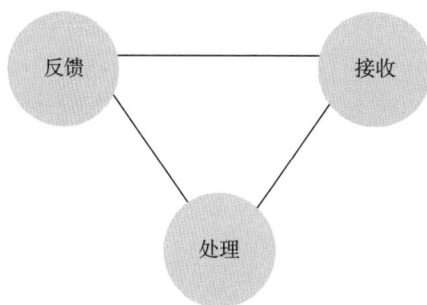

图 1-9　中国调味消费心智过程

（5）创意无限多。

做出消费者认可的创意，才能出现销售的频繁采购，带动消费。

（6）最少的钱最好的东西。

让消费者心里认为物有所值，但不是所谓的低价，用最好的调味实现最佳的付出。

（7）独立。

具有独立思维的调味品会在消费过程中建立自己的势力范围，获得相应的成长和发展。

5. 调味品到家销售

（1）时间自由。

实现消费和销售的高效便捷，满足调味需要。

（2）零成本。

成本极低，乐于选择，超值享受。

（3）零风险。

消费调味有保障，服务也得到提升。

（4）年龄不限。

对消费调味品没有限制，参与的人群众多，带动消费变化多样。

（5）自由创业。

在家在外都可以实现自由创业，拓展了调味品的外延空间和消费链。

（6）财富积累。

通过消费构建判断未来的需求，人人都会积累资源转变成为能力。

（7）白条思维。

主动改变调味价值，获取消费信任，交换消费的价值。

6. 调味品的强大在于自创

（1）"酱"新未来。

酱类会越来越健康，从香辣酱到风味豆豉酱，始终没有离开过酿造和健康，要做更好的酱必须在这两方面下功夫，未来期待的需求更加庞大。

（2）迭代自创。

消费更新速度加快，超越自我的机会增多，需要持之以恒的决心、较强的责任感和持续的学习能力，尊重规律和秩序，获得持续发展的方法，必然得到人们高效认可，实现迭代自创。在人们理解的消费领域,不断迭代人们传统认识的范围,获得长足增长的新调味、新价值、新消费、新体验。

(3)标准升级。

调味更加简单、标准、方便,68.2%的调味品成长源于标准化的带动。

(4)健康。

调味需求大量出现,73%的消费者认可天然零添加调味品,63%的消费者需要健康作为前提的调味品,未来调味品的创新热点依然是健康。

(5)匠心。

诞生一个经典的调味品并非一朝一夕之功,需要持之以恒的慢功夫,十年磨一剑地积累和升级。

第二章　三低

一、三低调味品

三低即低盐、低糖、低油。高盐、高糖、高脂等不健康饮食是引起肥胖、心脑血管疾病、糖尿病及其他代谢性疾病和肿瘤的危险因素。合理膳食以及减少每日食用油、盐、糖摄入量,有助于降低肥胖、糖尿病、高血压、脑卒中、冠心病等疾病的患病风险。

疫情过后,人们对健康的需求飙增,危机意识增强,因为饮食因素导致的疾病,对人们的健康造成了重要的危害,61.8%的消费者对食物带来健康隐患表示担忧。消费者对影响健康需求的食物更加重视,更加期望摆脱来自三高的影响,如何吃好三低成为我们共同的健康计划。然而仅仅依靠控制餐饮和调味品来实现健康消费是不科学的,健康的消费需要科技带动,做到一方面代替食盐、糖、脂肪方面的技术,另一方面具有有效的消费量,真正达到三低的目的。

三低是相对的,并不是所有人都需要做到三低,因为三低的依据是人们的健康需求,不同地区、不同工作、不同职业的人们需要的三低标准是不一样的,针对性地实现三低是多方面配合的结果。

健康消费引领调味品发展,通过三低调料的合理使用,更加客观、科学地体验三低消费,从源头、消费习惯、吸收转化三方面做到真正的三低。

二、低盐

1. 低盐优势

钠在稳定血压、调节体液平衡等方面有重要作用,但摄入过多的食盐容易引发血压升高,增加心脏病、中风、心脑血管疾病的风险,健康的隐形杀手,味蕾认可健康却不认可。

(1)改善健康。

食盐摄入过多,可使血压升高,增加胃病风险、增加肾脏负担,还有可能引发骨质疏松、影响智力等,低盐可以改善健康。

(2)预防疾病。

低盐是预防慢性病的措施之一,减少摄入盐,身体更健康。

(3)提升品质。

"低盐"是迈向健康品质生活的重要一步,人人都应该意识到低盐的重要性。

(4)老年健康。

中老年人低盐饮食,有利于心脑血管健康,对预防动脉硬化,减少肾脏代谢压力,预防胃癌等有不可以忽视的作用。

(5)儿童健康。

高盐有可能会降低儿童的抵抗力,钠的过多摄入也会影响钙的吸收,骨骼的生长发育也就会受到影响。所以从小培养低盐的饮食习惯会大有益处。

（6）孕妇健康。

孕妇常常吃过咸的东西会增加肾脏的负担,排钠量相对减少,导致心脏功能受损,血压增高,出现妊娠期高血压等疾病,对于大人和宝宝都是有危险的。

2. 减盐不减咸

（1）菇盐关键技术。

通过生物技术从菌菇中提取的风味营养素,既不牺牲口味,还能兼顾营养和健康,还被应用到了最新一代复合调味料的鲜咸协调之中,改变了以往用油烹饪食材的方式,而是采用"氽"的传统方式,完全可以做到做菜不放一滴油一粒盐,味道鲜美,提升了食材本味。低盐从菇盐做起,减盐不减咸,减钠达到60%。

（2）缓释。

通过有效释放食盐的方式来实现咸味持续,改善食盐的吸收和调味的平衡,达到少吸收少转化的目的,同时保证咸味不淡。

（3）平衡吸收。

每天要吃十多种食材以补充不同的营养所需,然而传统烹饪方式不可能做到家家户户都实现咸而低盐。

（4）减盐因子。

利用独特工艺的陆鲜和海鲜,通过有机原料如菌香或者干贝类来实现增鲜减盐,达到远离高盐危害的目的,尤其让消费者放心的是不添加防腐剂、合成色素、合成香料等。例如,来自森林的菇鲜,菇鲜含有香菇多肽、多糖、膳食纤维等营养因子。

（5）酿造。

酿造过程中将食盐转化成为氨基酸态钠,提高咸度,实现减钠20%不减咸。

3. 合理食用

减盐就是新的趋势和方向,吃健康的减盐每个人都需要,低盐就是未来调味品发展的必然趋势,具有咸味口感的植物等可以很好实现与食盐互补。人们应合理控制钠的吸收,减少使用食盐、味精、鸡精、豆瓣酱、酱油、酱料、咸菜、腌菜、香肠火腿、罐头等含钠的调味品。将不同口感的香辛料与新鲜蔬菜和肉类相结合,根据人们消费的标准摄入食物的口感,按照1.35%食盐含量来设计菜品和餐饮的使用量,科学降低钠的摄入量,但依然保持美味。根据消费的特点创新新消费的盐的搭配,提高口感并达到最佳消费的效果,避免过量吸收。

（1）科学合理。

盐乃百味之王,如何在饮食过程中实现减盐呢? 盐分不可或缺也不过量摄入:①自觉改变口味过咸而过量添加食盐的不良习惯,减少摄入;②每餐都是用限盐勺等量具按量将食盐放入菜肴,控制摄入量;③烹饪菜肴时可以选择在成熟后或者出锅前再放盐,盐放得少,菜也会有味道,改变烹饪方式减少食盐摄入;④少喝菜汤,盐溶于水,菜汤中含盐量高;⑤查看食物标签,选择钠含量低的预包装食品;⑥尽量少吃咸菜、腌制食品;⑦尽量少吃加工肉制品;⑧减少食用膨化食品、腌制果脯、豆干辣条等零食。

适当的吸收食盐是健康的目标,盐的人均日摄入量对不同的人群有不同的标准,细化标准,合理摄入食盐会提高人们的生活品质和健康水平。

（2）衡量依据。

关于食盐的很多说法不具体、不科学、不规范，需要得到日摄入量、吸收量、转化量、残留量等的真实数据进行分析，采用新的技术实现人们对健康的需求。

（3）精准对待。

通过大数据满足人们的健康需求，做到精准掌握人体吸收食盐的健康水平，为人们吃好食盐做出贡献。

（4）酿造替盐。

多采用酿造调味品代替食盐，减少钠的摄入，从而达到咸度合适。

（5）调味平衡。

采用酸类、苷类调味原料进行科学调味，达到钠盐食用量减少咸度不减的目的，让钠和咸度之间形成平衡，达到协调味道的结果。

4. 菇盐优势

菇盐的升级使用，可以达到减盐不减咸的目的，满足人们健康的刚需。

（1）减钠。

对比一般食盐，菇盐具有明显的减钠增咸的特点。

（2）低钠富钾。

菇盐是低钠富钾盐的代表，通过靶向生物酶解技术，从菌菇中提取出的天然呈味物质，也就是菇盐，减钠指数大于50%，鲜美指数0.8，减盐不减咸，营养味道鲜，不用再放味精、鸡精等调味品，日常生活中使用能够有效减少钠的摄入，远离心脑血管疾病的威胁。

（3）富含多肽。

菇盐菌菇中富含谷氨酸、多肽等。

（4）耐高温。

菇盐可以避免高温分解产生的危害。

（5）抗氧化。

菇盐满足人体所需，具有抗氧化作用，可以增强免疫力。

（6）防便秘。

菇盐可有效预防便秘。

5. 低盐趋势

（1）趋合理。

合理食用食盐可以维持身体渗透压，身体内环境稳态，促进激素正常分泌，发挥食盐的最佳作用。

（2）趋升级。

低盐升级健康的厨房，菇盐替代普通食盐，增强健康的饮食需要。

（3）趋健康。

可以预防三高，尤其在甲亢、高血压、冠心病的预防中起到重要作用，高盐饮食与血管硬化、心功能降低等心血管疾病及其他代谢性疾病关系密切。

（4）趋科技。

利用靶向生物技术进行减盐,将提取营养素的技术有效地转化到食品应用中,这是科学减盐上的一个突破性研究成果。从食用菌、动植物以及海洋生物中提取全天然营养及风味物质,分别具有增鲜、增咸、去涩、去苦、调整和增强食品风味以及强化食物营养、有效耐受食品加工高温等一系列功能效果,真正实现了"减盐不减咸",使咸鲜亦健康。

三、低糖

糖主要由碳、氢、氧三大元素构成,又被称为碳水化合物。根据其结构,大致分为单糖、双糖、多糖三类,葡萄糖、果糖属于单糖,蔗糖、乳糖属于双糖,而淀粉、纤维素属于多糖。碳水化合物可以为人体提供能量,人体所需的70%左右的能量都由糖提供。

1. 减糖不减甜

(1)无糖。

不含蔗糖成为很多无糖的代名词,所谓的无糖也是相对的,没有绝对的无糖。

(2)降糖。

通过减少蔗糖的使用量来降低糖的含量,满足更高的健康需求。

(3)稳定甜味。

通过添加其他糖来稳定甜味,改变消费的甜味来源,但减糖不减甜,减少糖吸收所带来的负担。

2. 低糖健康

我国建议成人糖日均摄入量不超过25g。

(1)低糖消费。

71%的消费者愿意选择低糖消费,健康需求不断呈现新的低糖思维。

(2)低糖方便食品。

低糖的健康需求使低糖方便食品更具有竞争力。

(3)低糖控糖即食调味。

对于调味的食品依然需要低糖,维持人体健康。

3. 甜味来源

(1)蔗糖。

蔗糖是主要的糖分来源,属于双糖的一种,日常生活中接触的蔗糖包括红糖、白糖、砂糖、黄糖、冰糖、方糖等。蔗糖的甜味给人以愉悦的感觉,溶解速度快,热量高,食用后很快被人体吸收。人们享受着蔗糖的甜美,并利用蔗糖作为添加剂生产出各色各样的食品。

(2)鲜果。

鲜果及其鲜果提取物具有甜味。

(3)蜂蜜。

蜂蜜也是常规的甜味来源。

(4)饴糖。

用米或者麦芽制出的糖,称作饴糖,现在所说的淀粉糖和麦芽糖可以在消化系统中分解成果糖、葡萄糖这样的单糖,再被小肠吸收。

（5）果糖。

合理添加果糖便于提高甜味的口感。

（6）乳糖。

满足消费的差异化需求。

（7）罗汉果糖。

从罗汉果提取的罗汉果甜苷,植物含量较高且水溶性好,其甜度为蔗糖的 300 倍,其热量为零,具有清热润肺镇咳、润肠通便的功效,对肥胖、便秘、糖尿病等具有一定的预防作用。

（8）海藻糖。

海藻糖是天然双糖中最稳定的一类。海藻糖为体内有益肠道细菌——双歧杆菌的增殖因子,可改善肠道微生态环境,加强胃肠道消化吸收功能,有效排出体内毒素,增强机体免疫抗病能力,研究还证明海藻糖具有较强的抗辐射作用。

（9）甘草。

甘草是一味应用广泛的中药,具有补脾益气,清热解毒,祛痰止咳,缓急止痛,调和诸药的功效。现代医学表明,甘草有抗病毒、抗炎抗过敏作用。

（10）甜菊糖。

从甜叶菊中提取的甜菊糖,纯天然、GI 值为 0,不升高血糖。甜菊糖是一种可溶性纤维素,进入消化系统后,不能被胃和小肠吸收,最终在大肠分解后排出。甜菊糖苷甜味纯正,清凉绵长,味感近似白糖,甜度为蔗糖的 200～300 倍,热值仅为蔗糖的 1/300。

4. 高糖的危害

摄入过多糖分会使血糖快速上升,超量食用,热量就会在人体内堆积,转化成脂肪,导致肥胖症、糖尿病、心脏病、动脉硬化和肝病等疾病。过多食用蔗糖还会增加胰岛素负担,造成健康隐患。

糖分还会影响人体对钙、维生素等营养物质的吸收。儿童过多食用糖类会造成骨折率上升和龋齿,儿童在吃完糖以后不及时刷牙漱口,就给口腔细菌提供了美食,分解出大量的酸,长此以往腐蚀牙齿表面的牙釉质导致蛀牙。儿童摄入大量的糖分,会刺激胰岛素大量分泌,抑制脑垂体分泌生长激素,缺乏了生长激素,孩子们就成了"小矮人"。许多学校也渐渐开始意识到糖对孩子们的危害,将饭后甜点改成了饭后水果,甚至有的学校开始禁止学生过多食用甜食,禁止小卖部销售劣质甜饮料等。

让许多爱美人士诧异的是,导致皮肤长痘的元凶可能不是油脂、辣椒,而是糖。经常吃甜食,皮肤容易出油,容易长青春痘和色斑,还会引起脂溢性皮炎,产生头皮屑。

5. 少吃糖

减少糖的摄入,烹饪时少加糖都是可行的减糖技巧。如果真的控制不住自己,或者糖尿病人群想吃甜食,可以使用无糖或低糖产品,以热量低的植物甜味剂来替代蔗糖,实现减糖目标。

6. 吃好糖

相同甜度下不会升高血糖的糖类是糖尿病人群、三高人群的理想代糖。例如菇糖,菇糖富含菌菇多糖多肽、双歧增长因子和水溶性膳食纤维,减糖不减甜,同等甜度用量仅为蔗糖的十分之一,热量仅是蔗糖的 9%,食用后不会升高血糖,保护人体肠道有益菌群,预防便秘和肿瘤。菇糖热量低的特点也非常适合减脂瘦身人群,广泛应用于烹饪、饮品、甜点等场景。除此之外海藻糖可以提高双歧杆菌存活率,预防便秘和肿瘤,也是减糖戒糖的不二之选。

7. 代糖

代糖大多具有高甜度、低热量的特点,非常适合特殊人群作为蔗糖的替代甜味剂。

(1)营养性代糖。

营养性代糖有山梨醇、甘露醇和最常见的木糖醇,产生热量。

(2)天然非营养性代糖。

天然非营养性有甜菊糖、罗汉果、甘草等,无热量,甜味特色明显。

(3)合成非营养性代糖。

合成的可用于食用的有阿斯巴甜、安赛蜜、纽甜等,无热量,呈现独有甜味。

8. 合理摄入

低糖不代表不摄入糖,消费者应根据自身情况合理摄入糖类,人们可以选用甜菊糖苷、海藻糖、罗汉果糖、甘草等天然植物甜味剂实现控糖,热量低、甜度高。人体功能能够正常运行需要摄入糖类,维持人体需要的平衡,因此需要平衡摄入糖类以维持糖消费健康。大量出汗和体力消耗需要补充水和热量,吃糖可防止虚脱。糖比其他食物能更快提供热能。疲劳饥饿时,食糖可迅速被吸收提高血糖,缓解疲劳,恢复状态。当头晕恶心时,吃些糖可升血糖稳定情绪,有利恢复正常。此外,适当进食含糖食品可补充精力,使人在学习和工作时保持精力充沛。

选择正确的含糖食物,例如含马铃薯等,含有大量的纤维,容易有饱腹感,可控制摄入量,其慢慢转化的能量正好够人身体使用。

四、低油

1. 科学调味

科学调味,健康中国,相对的无油值得提倡,绝对的无油是不存在的。

2. 无油料理

制作无油料理的时候,运用独特的无油调味品,按照独有比例制作底汤,水沸时就可以放各种食材,烹饪后即可食用。

3. 复合调味

(1)美味。

生活的美好离不开美味,制作美味又离不开调味料。一日三餐70%源于家庭烹饪,而目前大多数家庭都以传统调味品为主,口味单一、制作过程复杂,过于依赖厨艺基础。

(2)高效。

复合调味料的出现以其便捷高效、极易上手的特点深受"懒人"群体的喜爱。

(3)消费升级。

复合调味料核心功能是提升烹饪效率,是调味品行业消费升级的方向。

(4)产业链化。

复合调味料是工业化产物,将厨房里厨师的调料配比工作在工厂生产阶段完成,通过一包调料包和食材即可完成整个烹饪过程,可简化厨房烹饪过程、保障产品品质和口味稳定性,弱化厨师功能,最典型的就是火锅底料。

（5）便捷化。

以粉蒸肉菜品为例,传统调味料对应酱油、花椒,胡椒粉、葱姜、料酒,香菜、油等,需掌握加入量以及相应比例,复合调味料为一整包调配好的调料,一次性加入即可。

（6）标准化。

复合调味品通过标准化流程,实现菜品口味和品质标准化,但也正是因为其标准化失去了烹饪的自由度。

4. 减油措施

（1）减少摄入。

"健康要加油,饮食要减油"。油也有分级,从成分上来说,油含有饱和脂肪酸、单不饱和脂肪酸、多不饱和脂肪酸和反式脂肪酸,好油配比推荐为饱和脂肪酸：单不饱和脂肪酸：多不饱和脂肪酸＝1:1:1,尽量避免摄入过多油脂。

（2）少吃油。

要实现减油目标,日常烹饪时少用或者不用油炸的方法,多采用蒸煮、炖焖、凉拌等,或者适当尝试食用无油料理,以水煮代替油烹,以此减少油脂摄入。

（3）吃好油。

吃好油,均衡油脂成分,多吃富含 $\Omega-3$ 脂肪酸的亚麻籽油,有助于降低血清胆固醇和抗动脉粥样硬化。

五、三低趋势

1. 升级厨房

三低复合调味料升级家庭厨房,替换家庭单一调味料,同样简化烹饪流程,但相比其他复合调味料,融入了"低盐、低糖、低油脂"的健康理念,烹饪自由度更高,让大家烹饪方便吃得健康。

2. 菇盐健康

菇盐不同于普通氯化钠食盐,减钠50%以上,帮助少吃一半盐,远离高钠摄入引发的高血压等慢性疾病,额外添加的钾离子还具有降血压的作用。

3. 菇盐科技

菇盐是通过生物酶解技术从菌菇中提取的风味营养素与盐结合的复合调味料,具有鲜咸合一,味道鲜美的特点,在平常烹饪过程中可以代替普通食盐、鸡精和味精,做出来的食物依然味道鲜美,而且菇盐耐高温,不用过分在意放盐的时间。

4. 菇鲜优势

（1）三低一体化。

菇鲜是最新一代的复合调味料,用菌菇高汤与菇盐、菇糖等结合研制,具有增鲜、减盐、减糖、减油脂的多重作用。

（2）好吃可见。

除此之外,富含菌菇多糖多肽、膳食纤维等营养物质,增强人体免疫力,调制汤底、火锅底汤、煮面、炖菜等皆是美味。

（3）烹饪自由。

菇鲜推荐制作无油料理,烹饪过程不放一滴油一粒盐,准备好清水按照25∶1添加菇鲜,煮开就能烫涮各种美食,充分体现各类食材的原汁原味,健康鲜美一举两得。

5. 菇汁创新

烹饪荤菜的时候生抽、老抽和醋用得最多,例如红烧鱼、糖醋排骨等,生抽、老抽、醋都可以采用不同的菇汁来实现。具有香醋酸味纯正、香醇绵长、生抽提鲜、色泽清亮、酱香浓郁等优点,富含多糖多肽,富含双歧因子和水溶性膳食纤维,营养又健康,适用于炖、煮、焖、烧、火锅、凉拌、蘸料、馅料等多种场合,耐受时间长,适合高温烧煮。

6. 创新多元化

(1)菇系列富营养。

除了本书中介绍的菇盐、菇糖、菇汁三款调味品外,还有菇醋产品,不仅有传统醋的特色,还强化了菌菇的营养,弥补了醋的一些缺陷,更加柔和,口感更好,适用范围更广。此外,还有菇酱、火锅调料、火锅蘸料、火锅浓汤等多款复合调料,准备好食材在家就能吃上健康的美食,简单方便。

(2)加享受。

以家庭厨房烹饪为突破口,从饮食方面践行三低,预防三高等慢性疾病,进一步传播和普及健康生活技能,推动并支持中国乃至世界减盐、减糖、减油事业发展,使更多的家庭享受到三低美味。

(3)多食物。

除了调味品,还有营养、美味、好吃、劲道的菇面,也属于三低美食。未来会出现更多的三低方便食品、休闲食品等,如把菌菇精华融入包子、饺子等馅料以及酱料中,与更多食品企业合作,让更多的人从饮食方面提前预防疾病,拥抱健康。

(4)新食潮。

照搬国外思路的调味品无法成功,我国零添加调味品、有机调味品发展迅速,56.27%的消费者愿意选择"零添加"调味品。

第三章　预制菜

一、预制菜是什么

1. 预制菜的定义

狭义的预制菜:通过加热、即食、包装成为的菜品,通常上面标识为预制菜。预制菜的范围有限,大家认为这样的预制菜是刚刚起步,还需要长时间发展。这样的版本很多,说法各不相同,需要根据人们的销售以及专门的需要实现销售和服务。

广义的预制菜:因为消费需要简单处理即可食用的菜品、小吃、食物,不需要复杂的加工而成,这样可以满足人们需要的预先准备,规模化生产,批量化服务,工厂加工,厨房加工,农贸菜市场加工呈现不同级别、不同规范程度、不同需求程度的、满足消费的料理半成品和成品。

强调广义预制菜:这里所强调的数据、消费、销售均是指广义的预制菜。广义的预制菜比较容易实现现在预制菜的实情,比较科学反映行业实情,实际考察预制菜的加工程度,反映餐饮、消费的标准化、数据化、智能化程度。涉及面广,转移消费视线,尤其是调理食品、火锅食材、速冻食品、肉制品、面食浇头,在一定程度上就是预制菜品。

2. 预制菜有何机会

随着餐饮和调味的不断发展,人们对美味的需求不断升级,社会公共资源的聚合,不断满足人们生活的刚需,大规模生产、制造前期产品,给人们生活带来更多方便、卫生和美味。

预制菜为农产品、食品、调味品、餐饮带来了新的整合机会,强化了产业机遇,加速了地方特色食物的快速发展,给人们生活带来巨大的机会,越来越多的地方特色走出当地,辐射至全国,甚至销售到全世界,预制菜是食品升级中国味道的典范。预制菜的范围有限,目前预制菜处于刚刚起步阶段,还很大的发展空间。

预制菜成为中国特色风味传播的突破口,为人们吃好找到多个新赛道,促使消费的风口发生巨大变化,传统美食辅以科技含量,实现新的传承和升级。同时利用科技增效、数据创收、标准叠加、规模规范、产业聚焦,预制菜具有前所未有的竞争优势。

全产业链竞争不断出现新的变化,预制菜可以将资源进行整合,相互促进各地特色食品成为预制菜的增长点,预制菜是机遇,但是着手之处是没有明显的落脚点,因时因地而为才是预制菜的最大商机。预制菜发展中的不可控的因素就是消费者,如何获得消费者的认可才是预制菜产业的成功之道。

二、预制菜行业现状

预制菜一直存在于我们生活之中,高标准的要求是预制菜生产发展的必然趋势。市面上的预制菜种类繁多,标准也多种多样,预制菜的未来潜力巨大,做好预制菜在于不断挖掘一流的技术和产业链结合,无论是海产品还是养殖原料、蔬菜,无论是口感和新鲜度都是这样的,都是只有做到最好才有机会。

地方特色的升级,人人期待的美味享受,对美食源头的需求千奇百怪,给预制菜的商业发展带来巨大机遇,不断创造出新的消费记忆点,迭代的脚步不断成为现实,催生的消费价值通过品牌和产值来兑现。将地方特色转变成为预制菜,是挑战,也是机遇,地方经济发展需要抓住这样的产业机会,满足人们需求的刚性选择。

农副产品特色增值是当下预制菜不断升级满足消费的原因,因为需求广,适应面宽,消费渗透力强,产业结构复杂,蔬菜类、菌类等预制菜都具有巨大的市场潜力,值得多方面资源结合,实现多方面转化价值。在不断出口预制菜和西式快餐发展预制菜的四十年当中,新的技术和产业链集中,成为解决消费剩余的农产品手段和措施。

种植养殖原料的加工和规模没有得到发展,与消费成品之间有将近30倍的价差,让恶性竞争的源头没有活力,拼死价格的出路难以维持下去,提高加工的预制菜成为最佳选择。

中国味道丰富,可以深度开发的预制菜非常多,镶碗、牛大骨、羊蝎子、鬈肉干饭、坛子肉、梅菜五花肉、酸杂肉、牛杂煲、冷面、大酱汤、海鲜捞饭、烤肉,等等,非常多的地方特色都可以预制菜化,有上万种单品具备这样的产业机会。

预制菜的消费基础好,单一农副产品的数量可达百万吨,这就带来了年销售百亿的预制机会,相对于国外很多产业的发展,我国预制菜规模非常大。我国预制菜产业具有强大的内需带动,进出口华人华侨的需求,国外发展的友情特色带动,买卖全球的现实促成千亿年产值的预制菜产业链逐渐形成,预制菜产业链的竞争会比较明显,升级了"一县一品""一村一品"产业链优势和消费。预制菜满足消费刚需,得到地方政府政策的支持,体现在不断出现预制菜产业园区。

预制菜的发展表现在热、散、大、多、新。目前,预制菜消费、销售、创业、产业、企业等都呈现出热火腾腾的现象。预制菜遍布全国各地,各式各样,散在不同地方,具有不同特色、不同传统。大规模的预制菜产业格局正在形成,世界级的单品预制菜已经出现。预制菜的多主要体现在品种多、投资多、园区多,机会也多,从事预制菜的企业越来越多,从业人员和相关数据也越来越多,涉及产业链的类别也越来越多,大多数人对预制菜的认识是新产品。预制菜消费的快速变化,吸引了多种投资,预制菜是投资的好机会,是创新消费的未来。预制菜园区越来越多,因为地区不同,对于不同园区的区别也不同,具有特色的预制菜园区成为主要特点,特色的预制菜发展非常迅速。

三、预制菜的高效渗透

1. 新技术

多种新技术为预制菜保驾护航,预制菜在新技术的推动下,实现了更多更有价值的消费。预制菜的品质和消费也发生了巨大改变,冰鲜、冷鲜、保鲜、自然鲜等相关技术得到实现,不同程度的加工、包装等无人、智能新技术层出不穷。

2. 食材利用

高效利用食材,把消费需求发挥到极致,不断细化食材的分级、分类、分次加工和处理,为人们吃好的消费奠定基础,为整个消费体系做出了完整的规划,为食品安全保障带来新的竞争力,充分利用食材的水平不断提高,将浪费食材的行为从35%降到8%,相当于自动增加27%的食物。

3. 加工升级

预制产业促进农产品精深加工升级,将单一加工变成多样化的加工,不同形状、不同菜系、不同消费方式、不同人群的预制加工升级,满足更多消费的需求。

四、预制菜与调味品

1. 相互促进

调味品快速发展促进预制菜的发展,预制菜也同样推进调味品标准化进程,两者的相互作用表现以下方面。

(1)厨房变化。

厨房工作减少,消费需求得到快速满足,可保质保量实现餐桌安全的高效对接。

(2)外卖优化。

外卖不断变化,使外卖更加规范化,提高外卖品质的保障,为塑造外卖品牌发展奠定基础。

(3)渗透消费。

调味品与预制菜的相互作用加深,消费渗透需求改变,62.4%的调味品企业愿意支持预制菜产业发展,68.9%的预制菜企业希望得到调味品企业的支持。

(4)降本增效。

调味品与预制菜有机结合,实现降本增效的需要,通过预制菜产业化发展,可减少27.5%预制菜原料的浪费。

(5)优化餐饮。

餐饮坪效提高,让经营水平得到提高,带来新的消费竞争力。

(6)特色标准化。

调味品的不断深度发展,促使地方特色产品标准化,30.7%的地方特色产品已被做成具有消费认知的预制菜。

(7)消费行为变化。

消费产生调味品,调味品离不开预制菜,两者的变化深刻改变人们的消费行为。

(8)盈利变化。

调味品成就越来越多的预制菜,两者相互促进,实现彼此的盈利水平和盈利方式的改变。

2. 消费互补

(1)多元消费。

调味品具有局限性,预制菜则具有便捷性,两者互补可实现多元化回归消费。

(2)特色消费。

调味品结合预制菜,可以创新特色消费,实现个性化扩张,带来新的流量和销售业绩,使两者不可分离的关系得以维持。

(3)新消费。

通过使用调味品和预制菜,实现人们认可的新消费自主趋势发展,带来新的消费习惯和新鲜感。

(4)拓展预制菜种类。

调味品发挥其调味的作用,不断优化和整合预制菜的特点,预拓展了消费者对预制菜需求的种类。

（5）完善连锁。

调味品和预制菜都存在一定的不足,两者结合可以相互弥补自己的弱势,使连锁服务更加健全。

（6）优化菜系。

不同菜系的预制需求上升,利用不同预制菜的特点和菜系的优势,使调味品的价值实现最大化,就像螺蛳粉和川味调料的相互作用,让螺蛳粉的产品线更加丰富。

（7）特色优化。

各地对预制菜的需求不同,不同的调味品结合不同的预制菜,使其更加多元化。

（8）"宅"优势。

预制菜对于宅经济是必不可少的元素,调味品合作预制菜,宅消费带动预制发力,实现多种消费新内容。

（9）提高食物价值。

预制菜和调味品一起结合,充分展示了食物的价值,提高调味增强食物价值的能力和实力,比传统消费的食物价值提高 12.5%,未来的潜力很大。

（10）减少浪费。

预制菜结合调味品,最大限度减少浪费,改变过去农副产品烂在路上的行为,就近加工叠加冷链等新技术,实现常温或者不同消费需求的精准对接,减少了食材、时间、运输、加工、人力、物力、财力的浪费。

（11）增加健康机会。

预制菜规模化的品质得到改善,而高品质的源头有限,有机绿色健康食物需求倍增,人们不断提高的生活水平必然要求预制菜更加健康,调味科学化和预制菜品质化共同增加了健康需求的机会。

（12）体现金融属性。

调味品和预制菜就是餐饮业离不开的刚需产品,是中餐全球连锁化的基础,预制菜可参与破解餐饮资本金融的困扰,形成新消费的资金和供给关系,体现"预制菜银行""预制菜保险""预制菜基金"等金融属性,促进预制菜和调味品和谐健康发展。

（13）新共享。

消费的新变化让我们的需求更加直接,不论是调味品还是预制菜都需要认购、认领、认种、认养的新共享社会消费结构,实现人们需求的高度互补。

（14）更直接。

单一的调味品和预制菜都有不足之处,两者的无限消费结合零距离,让消费更直接。

（15）创记忆。

拓展新消费的特色地方历史记忆风味预制崛起,诞生新消费的预制菜和调味品,既可以是其中之一,也可以是两者结合,带来持续复购。

3.精准消费

（1）数字化。

数字化消费使调味品和预制菜的消费得到精准细分,带来人们认可的水平变化。

（2）硬实力。

通过调味品形成的一些预制菜是提高价值的硬实力，剁椒鱼头结合辣椒酱和鱼头形成标准的剁椒鱼头预制菜，得到直接的消费认可，这就是硬实力的体现。

（3）体验。

处处可见预制菜结合调味品的体验，一方面是为优秀的调味品带来消费，另一方面是为预制菜的多种发展留足空间，体验实现更多的直接消费。

（4）体现消费竞争力。

预制菜和调味品的不断交替、创新、示范使用，使餐饮经营的水平得到提高，消费的竞争力得到体现。

（5）促进行业变革。

外卖行业的快速发展离不开预制菜与调味品两者的互补、修饰、叠加、相乘。

4. 兼顾发展

预制菜是调味品盈利能力的 7.2 倍，是销售农产品食材的 15.4 倍，这背后一直有复杂的商业需求逻辑，对不同预制菜的认识和不同企业思维会产生不一样的结果，兼顾预制菜和调味品的发展，可以实现更多消费的价值和体验转化。

5. 利润区别

预制菜产生足够的利润，这是调味品做不到的，两者的利润差别巨大，预制菜成为热点也有这个原因，资本逐利和预制菜高利润结合，一方面对预制菜快速增长是好事，另一方面也给预制菜快速不良发展设下埋伏，61.7% 的从业者认识并不明白预制菜的需求逻辑。

五、中国预制菜的发展

1. 预制菜发展特点

（1）地方特色化。

预制菜源头在于地方特色食品的历史演变，地方特色食品将是预制菜的最大特点，也就是说每个地方的预制菜是不一样的，很多人对预制菜的认识仅停留在字面意义，实际上预制菜已经在我们生活之中存在若干年，预制菜是当地特色食品的产业化发展，而不是跟风、模仿。

（2）吃法多样化。

预制菜能够在短时内成为大众热点，其中一大主要原因就是吃法广泛，多样化的吃法带来预制菜的无限生命力，一种预制菜能够实现数十种乃至于上万种吃法，例如，一个虾滑可实现 20000多种做法。

（3）产品升级迭代化。

预制菜的变化体现了人们吃好的变化，从香肠、腊肉等高盐预制菜，不断升级迭代到消费者需要的低盐预制菜，未来的香肠、腊肉等预制菜的含盐量可实现低达 3.5% 的水平，对于这种长达千年消费历史的预制菜发展具有重大意义。

（4）品类丰富化。

因为大量现成的需求，预制菜的传统也早已在我们的认知之中，预制菜的品类非常丰富，这是历史形成的，也是难以找到一个人人认可的预制菜概念的原因，丰富的品类让大家对预制菜的认识比较模糊。

（5）健康年轻化。

更加健康的预制菜的消费需求是人们需求的升级体现,消费的年轻化使人们对预制菜的认识加深,"90后""00后"等新消费群体带来的预制菜需求更加彰显吃好的表达方式。

（6）消费全域化。

消费时代变化巨大,线上、线下、私域、公域不断促进信息秒达,预制菜成本和销售价格之间的差价被不断缩小,实现全域一个方式、一个价格、一个体验,是吃好的办法和措施。

（7）私域增长化。

公域资源的泛滥使新的消费难以获得增长,71.6%的公域预制菜处于无盈利状态,私域则以91.4%的高效对接增长,两者形成鲜明的对比。

（8）精准消费化。

没有人会拒绝满足吃好需求的预制菜,预制菜更加精准满足越来越多人的需要,成为我们改善生活的办法和措施,精准消费源于数字消费的作用,52.9%的预制菜新品牌采用的就是精准消费带动。

（9）新媒体触达化。

人人作为自媒体的时代已经实现预制菜高效、高速、高品质、高享受的销售和消费。

2. 预制菜消费特征

（1）社区需求。

社区团购大量预制菜,可以精准匹配到消费者,数字销售再次成为最佳手段,细化消费的直接变现出现前所未有的价值。社区团购成为消费新热点,99.2%的社区团购都涉及预制菜,这是疫情期间催生的刚需。

（2）消费为魂。

消费才是预制菜发展的根本,不同时间、不同地区、不同消费者、不同饮食文化、不同产业基础,预制菜的发展是不一样的,只有精耕消费才能做出产业,做细消费非常关键。

（3）预制定力。

预制菜的销售是消费定力,同质模仿没有机会,低价没有未来,只有精准做好别人做不到的产品,才能拓宽预制菜的空间,发挥自己的优势生存下来,根据消费的定力可以实现无限定制。

（4）同质衰退。

同质化的预制菜快速进入衰退期,创新的消费才能生存。

（5）迭代快速。

消费变化助推预制菜快速发展,不同需求的迭代和变化,带来的新的需求才是新的预制菜,不同地区的预制菜具有不同的优势和做法,迭代的是消费的实力和作用力。

（6）技术生存。

没有新技术的前提下预制菜寸步难行,未来的预制菜是在传统消费前提下的技术创新,唯有技术革命才能满足广泛的消费,预制菜才可以做强单品、做大产业、做好产业链。

（7）特色增值。

利用农产品、畜禽、水产品加工的菜品不断增多,加工方法和方式不断创新,破局新消费的趋势出现,外卖得到不断发展,尤其是将地方特色食品做成预制菜,可以提高当地特色产品的附加值。

3. 发展趋势

(1)自然需要。

食品产业发展的工业化和社会化的趋势就是预制菜,预制菜更加符合健康、安全、美味的要求,这是顺其自然的事情,并不是模仿西方思维和崇洋媚外的思想,中国历史上早就有预制菜了。

(2)市场需求。

西式快餐主要使用预制菜,给中餐标准化带来了榜样作用,中餐的发展离不开类似于西餐预制化的发展,人们需求的变化促使预制菜不断升级和发展。

(3)升级需求。

预制菜就是对传统食品的升级,在保证原味的前提下不断提高消费的认知,越来越多的消费实现标准化,吃好的预制菜才是人们需求的不断升级。

(4)发展需要。

发展预制菜是农产品发展和消费发展的结果,预制菜重在利用质量、特色、高效、加工增值等发展来实现满足消费的发展需求。

(5)国家支持。

根据我国的现有需求、消费特点、产品优势,以及我国不断强化做强农业产业和种养结合的事实,国家将会大力支持和推进特色预制菜产业的发展。

(6)改善盲目。

传统思路不再适合预制菜,投入产出不成比例,复购率低,品质不能吸引消费者,经营举步维艰,即使价格降低,消费者也不买账,拼凑的预制菜没有消费,也没法渗透,不断改善这些盲目的现实就是预制菜的未来。

(7)复制消费。

提高预制菜复制技艺可提高出品率,减少浪费,节约厨房的成本,提高效率,获得消费认可,通过重复消费实现复制预制菜的成功。

(8)刚需满足。

传统消费的渠道不再适合预制菜,预制菜的消费需要更加人性化的互动,满足消费的需求才是理想的预制菜,预制菜已在潜移默化中成为我们生活的刚需。

(9)人人参与。

根据消费需求不断做精、做细预制菜,实现人人参与预制菜的制作。

4. 消费是预制菜快速发展的主因

(1)吃美味。

消费者从未停止对味道的追求,吃美味一定是必然规律,预制菜的不断丰富也是为了美味的生活需要,好吃也是不断涌现出大量预制菜的根本,好吃的预制菜不断满足越来越多的需求。

(2)消费习惯。

预制菜的消费一直都存在,消费的习惯形成了具有竞争力的预制菜,不同的消费习惯可以形成不同类型的预制菜,卤制预制菜早已成为行业的领头羊。

（3）菜类消费上升。

中国餐饮业的发展突出地方特色,菜系思维和消费形成餐饮的高速发展,菜系的预制菜化带来消费的膨胀需求,连锁化加强,羊蝎子、小龙虾、鸭脖等不断实现菜系消费的叠加创新,完善消费的菜系刚需势在必行,预制菜必然成为主要任务。

（4）消费习惯改变。

由于消费习惯的变化,淀粉类预制菜出现创新和零食化,不断形成新的竞争力和消费向心力,品质需要不断追求质变。

（5）消费质量提高。

消费质量的提高,聚焦消费,做精预制菜,成为预制菜的金字招牌。

六、中国预制菜产业发展建议

1. 各地如何进行预制菜开发

（1）发挥地方特色。

地区消费的特点是多年形成的,深挖地区的消费,总结各地特色产业,结合种植养殖,找到适合当地发展的出路,将地方特色产品深加工成特色预制菜,将特色的地区消费做成可以向全球输出的产品,满足消费的广泛需求,这是各地区做好预制菜的前提。

特色是做好预制菜的根本,虾滑、小酥肉、竹笋、海带等已经开发出具有特色的预制菜产品,其他地区可以根据自身产业借鉴其做法,开发出优秀的预制菜,做好预制菜就是做好产业各方面的发展。

（2）定点突破。

对消费的预制菜进行定点突破,找到消费的落脚点。87.2%的预制菜开发不成功的原因就是没有找到消费点,对于消费点的认识是以带动消费为主线,只有能够带动消费的内容才能成为预制菜的根本,把人们的需求点和消费点结合,通过满足这个点来实现标准化、产业化、科学化、合理化的预制菜呈现。

（3）消费引领。

很多预制菜没有消费,销售没有复购。应研究消费的规律,结合消费习惯,通过持续、稳定、可复制的消费特点引导多种消费结合,起到传统预制菜达不到的带头作用。

2. 如何销售预制菜

通过消费来实现预制菜的销售,将消费优势做到极致,获得更多消费者的认可和复购,自然形成具有潜力的产品,自带流量的预制菜才是必然趋势。

3. 选择预制菜的特点

（1）高频消费。

预制菜是人们每天都在消费的产品,高频消费需要预制菜不断细化、做强、做精、做专,消费的频次不断增加,不断实现更多人的需求,未来预制菜只会越来越好。预制菜是系列化菜品,更是人们吃好的方向标,人们未来的美好生活需要更高品质的预制菜。

（2）吃法多样。

同样的预制菜,不同消费者的吃法各不相同,一种预制菜可以实现多种多样的吃法,因人而异、因地而异、因消而异。

（3）创新预制菜。

人们需要预制菜的多种烹饪方法和技巧，同样的食材和调味，可以做出不同的配置，开发新的吃法，拓展传统的消费范围，扩大消费领域，实现预制菜的多种创新，如苹果和肉类组合成为的新吃法：麻辣苹果、苹果牛肉等。

（4）黏性互动。

预制菜消费的内容不同，黏性在于丰富的调味功能，实现更多消费自主选择、创新示范、样板带动，这成为我们离不开预制菜的黏性事实。

（5）源头优势。

预制菜的源头具有非常大的潜力，可以将源头作为消费的竞争力和话语权，越来越多的预制菜能够持续发展，关键在于源头的优势明显。

（6）赛道可扩。

选择的预制菜可以扩充成为餐饮连锁、团餐配套、家庭餐饮等，不断创造消费的广度和深度。

（7）细分场景。

越来越好的预制菜，不同消费的过程转变成为消费的认可，不断细分预制菜消费过程，获得消费者认可，创造优秀的消费价值，带来优质的消费体验，转变成为消费者选择预制菜的原因。

（8）覆盖人群广。

预制菜吃法众多，覆盖多种人群，广大的需求量是催生这个产业不断发展的原因。

（9）刚需消费。

消费需求的必然，人们的需求是最大的卖点，越来越多的预制菜在种类、数量、质量等方面都在不断满足刚需。

4. 如何实现预制菜持续发展

持续的消费是通过不断完善常规消费形成的，将多个消费细节升华成为预制菜的一部分，对消费行为升华的程度不一样，持续维护和消费探索也就不一样，17.9%的预制菜品牌具有持续发展的能力，大多数预制菜还处于混沌状态，很多无法做到持续发展。

5. 如何实现预制菜的产品定位

因为预制菜的定位决定着预制菜的生命力，关键是消费的心智定位，即消费者的心理认可。从预制菜的消费需求痛点出发，满足消费者的真实需求，让消费的精准需求和内容通过预制菜的消费得到满足，提高复购率，牢牢抓住消费。

6. 预制菜的门店运营

预制菜门店运营失败的案例比比皆是，没有实现重复消费的价格思维让销售的成本都难以维护，这样的预制菜门店举步维艰，突局的根本在于消费的实现，不能准确实现消费的价格战、资本战、拉锯战，对于加盟和连锁预制菜店不是助力而是灾难。要找到预制菜商店和当地消费需求的结合点，在传统食品和调味品运营的基础上不断升级和服务，在传统消费上带来新的需求和互补，相互协调，抓实消费。

七、预制菜增长的机会在哪里

1. 预制菜产业的竞争是什么

通过对消费预制菜行为的实际运行、消费、生产、销售全产业链的整体分析,唯有消费是预制菜产业的竞争,消费决定着预制菜的存在和持续发展,做好预制菜的根本也就是做好消费。

2. 为什么预制菜单品没法增长

不断催生的消费是有规律的,这样的规律在信息超级透明的今天不可能无限增长,也不会实现超级增长,没有根本解决消费的预制菜单品受限于需求和消费之间的关系,也是大多数没有核心竞争力预制菜的处境。

3. 内需原因

越来越多的消费者选择预制菜,把外卖和预制菜区分开,实际上两者是相互兼容的,没有绝对的区分。预制菜的发展目的就是不断满足饮食的需求,越来越方便快捷的预制菜是必然选择和发展态势。

4. 系列化

(1)马铃薯系列。

一个马铃薯开发成为多种预制菜,创新了马铃薯万众吃法、万众店面、万众分享,发展成一个系列,满足多个消费领域,实现了多种多样的马铃薯预制菜。

(2)竹笋系列。

笋类预制菜主打新鲜、健康、美味,在中国味道的带领下已经销售到世界各地,笋类预制菜的发展细化、精品化、特色化、个性化、地域化,必然创造新的消费热点。

(3)鸡肉系列。

面对不同消费需求的鸡肉类预制菜一直在不断开发,乌鸡、土鸡、健康鸡成为新的消费热点,需求量巨大,但存在需求和消费匹配错位现象。

(4)虾系列。

以虾滑为主的带动,值得整个虾产业学习,虾类加工丰富,具有千亿消费的需求值得深挖,期待开发出万种虾类预制菜。

(5)海带系列。

传统的海带产品需求仍然需要创新,鲜、干海带都有巨大的空间和开发潜力。

(6)地方特色系列。

梅菜扣肉、镶碗等地方特色产品都是很成熟的预制菜,需求依然旺盛,这些预制菜的未来需要更加做细、做精、做专。

八、预制菜会出现"龙头老大"吗

1. 预制菜种类多样

预制菜派系众多,单品销售困难,需要从不同角度来实现各自的开发和销售,展现各自的品牌和未来走势。①调味派通过调味的优势来实现预制菜产业发展的企业和品牌,调味为主要竞争力;②餐饮派以餐饮需求为核心,不断实现更多预制菜的孵化、生产、销售、定制等;③食材派有优质的源头食材和食用优势,但往往是优势明显,实际产业发展不一定理想;④外来派不被看好,但是正因为这样的区别,同样可以将单品做成年产值数亿的规模;⑤技术派通过技术的节点实现单一预制菜的突局,在某些领域获得长足发展机会,实现了独有预制菜的发展机遇;⑥速冻派。速冻系列本来就是预制菜,科学、规范、合理发展,一样可以实现更多更新的突破;⑦原料派是具有原料优势的预制菜,分工细化,一些原料优势企业的消费可以获得长期持续增长;⑧专业派专一做预制菜的优势,往往在单品上实现突破,在消费认可方面取得一定成绩;⑨零售派。随着传统零售的改革,消费需求的扁平化发展,使零售的预制菜成为实实在在的增长极;⑩直播派是以直播为主要销售手段的预制菜,催生了消费新变化,人人直播带货成为标志;⑪社区团购派主要在疫情期间出现,以社区为单位成长的预制菜成为新兴的主体,占预制菜销售的16.9%;⑫跨界派预制菜高回报率高,不断更替和变化,弥补传统预制菜的缺陷,带来新的消费活力和创业精神;⑬互联网派是指万物互联的预制菜,彼此结合和对流,形成新的数字化引流,虚拟预制菜的线上热潮以不同方式出现,消费和交易不断创新;⑭网红派预制菜成为新的标志,有量无利是一大特点,需要精耕才有意义,才能够抓住消费者心理需求。

2. 需求复杂

消费者对预制菜产品的需求复杂,熟食化的预制菜掀起新鲜预制菜热潮,但是熟食预制菜发展已有上百年历史,只是预制菜的概念才刚刚兴起而已。家庭烹饪中,预制菜是必然选择,预制菜得到新消费中小型化家庭的认可。餐饮工业化需要预制菜,尤其在餐饮困难时期,许多餐饮转向预制菜,预制菜让更多企业挺过困难。预制菜倒逼餐饮改革,让餐饮活下来,让微小企业获得生存。预制菜稳定供应可以保证餐饮菜品搭配科学,合理提高菜品风味的稳定性,餐饮供应升级的需要,促进菜品连锁化发展。农业强国推进农产品做强、食品做强、餐饮做强,进一步促进了预制菜的发展,牢牢把中国味道掌握在自己手里。预制菜的新鲜度体现了餐饮和调味品的发展,为整个消费带来机会。制菜的关键技术一直控制在一流企业中,关键技术是预制菜的核心竞争力。

3. 现实残酷

很多地方的预制菜是雷声大雨点小,不知道消费在哪里,没有聚焦的思维,园区等只是在喊口号,没有实际效益。

4. 产业定位

挖掘消费做规模,"一园一桌菜""菜园""世界菜篮子""中华预制菜产业第一城"全国各地均在行动,预制菜产业园区的目的在于满足消费的认可。

5. 单品崛起

虾滑、小酥肉、猪肚鸡、牛大骨、烤鱼、酸菜鱼、佛跳墙成为大家熟知的预制菜,不断实现预制菜的多种多样,单品崛起是必然趋势,多种单品出现势在必行。

6. 预制菜不容易出现"龙头老大"

预制菜是消费者需求的体现,满足需求才是预制菜的出路。目前预制菜的标准是某些类别的预制菜标准,弥补现有的一些标准和技术规范、产品规范、加工规范、管理规范不到位的地方,这是更好地将预制菜转变成为消费需求的必然过程,针对性的标准非常重要。

消费的具体需求就是标准预制的出路,未来的预制菜标准一定是根据消费认可规范、合理、科学制定的。标准无法解救一个产业,标准只能给预制菜产业增加"翅膀"。

预制菜无法做到一家独大。预制菜是全国农副产品精深加工的产品,因时因地因人而异,不可能也不会出现一家独大的现象,很难出现大企业垄断。

九、做好预制菜的密码

1. 深度探索

(1)提高复购率。

68.1%的预制菜企业认可高频是预制菜受欢迎的关键因素,也是未来预制菜高速发展的必然。深度探索消费需求的细节,挖掘消费习惯,和产品内在联系起来,提高复购率,90%以上的预制菜仅有5.6%的复购率。

(2)增加"回头客"。

食用预制菜的记忆是"回头客"的密码,通过记忆加强消费者与预制菜的联系,人们在吃过之后产生还想吃的念头,产生消费意识的差别,增加再次成为消费的机会。

(3)增加黏性。

预制菜的味道离不开调味品产业的发展,黏性记忆是对味的认同的体现,例如,提起火锅,消费者可能自然而然地想起麻辣,黏性可能成为消费者选择的根源。

(4)预制菜成功的秘诀(图3-1)。

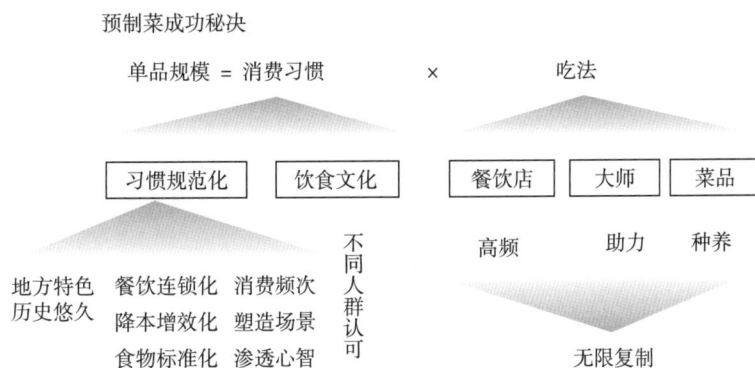

图3-1　中国预制菜成功的秘诀

2. 挖掘价值

预制菜链接家庭需要,标准化、稳定性高,要不断创造和挖掘预制菜的价值,创新守正发展预制菜,图3-2展示了2022年预制菜单价组成。

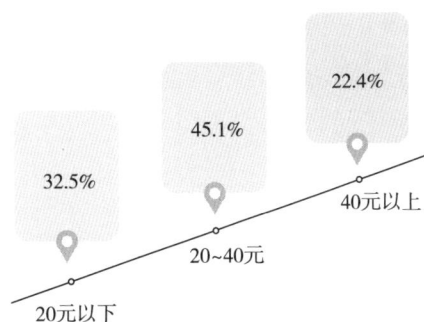

图3-2　中国2022预制菜单价

3. 多方面协助

国家鼓励预制菜发展,促进农产品和饮食消费,与预制菜相关的食品、调味品、特色消费的商协会不断增强竞争力和开辟出路,助力各种预制菜产业发展,预制菜企业不断出现。院校和相关科研院所都在不断结合当地特色,实现预制菜的开发、研究,为更多预制菜诞生创造机会。预制菜消费的数量不断增加,形成各种不同消费组合、引流不同人群、实现不同消费平台,全球化的预制菜正在形成。

4. 思维之变

(1)菜系思维。

随着人们需求的变化,预制菜菜系思维的发展依然成为重点,将菜系发展中具有重量级的菜品做成预制菜,提高变现能力,湘菜、粤菜、鲁菜、川菜都是热门菜系。

(2)招牌菜思维。

通过传承烹饪的手段,将招牌菜发展成为预制菜是预制菜做大做强的关键思维,也是一个预制菜变成万道菜肴的事实。

(3)抓住消费者心智。

把消费者的需求做成菜品,一些连锁和团餐正在这些方面不断完善和进步。

(4)打造爆品。

预制菜爆品具有很高通用性、广泛性、普及性,自然形成具有竞争力的选择。

(5)拒绝"锤子"思维。

不要否定所有的预制菜,思维决定出路,每种预制菜都有自己的发展道路。

(6)技术革命。

新技术变革让预制菜更加健康、更加科学、更加美味、更加标准,比单一食材具有更高品质,技术改变命运,创造一流技术的预制菜。

预制菜发展历史悠久,具有优化厨师的作用,带来饮食界的新商机,预制菜标准化需要产业的深度发展,厨艺转化成为预制菜和预制菜产业是必然趋势。预制菜相关的食品种类很多,门类复杂,站在消费的角度开发预制菜,根据消费需求,严格按照现有的食品安全法律法规打造预制菜,满足人们"吃好"的需求。预制菜是食品加工和传统餐饮结合升华的产物,具有非常重要的潜力和消费趋势。预制菜品质不断提高是预制菜产业健康发展的使命,没有健康发展就不可能持续发展,品质不断提高是保证预制菜发展的正确方向,符合大众需求的期待。

十、如何做好预制菜产业园

(1)深挖消费。

深挖消费,打造具有当地特色的菜品,只有这样才能行稳致远,满足更多消费者的期待。

(2)避免跟风。

别人做什么我们就做什么,重复浪费建设的现象处处皆是,如果处处都是预制菜产业园,园区的单品销售无法提高。

(3)精深加工。

预制菜需要深度解决当地农副产品精深加工问题,是当地农副产品和消费习惯的深度开创。

（4）数据销售。

对预制菜销售数据要进行深度分析，只有做好了市场数据分析，才能销售更多的产品，在激烈的市场竞争中立于不败之地。

（5）吸取经验。

一些预制菜商店的教训值得反思，预制菜园区打造需要不断摸索和学习，积累经验。

（6）避免空洞。

避免大品牌思维，没有内容，消费是空洞的，这种做法没有前途。

第四章　盲返

一、什么是盲返

1. 盲返的定义

根据数字消费信息和消费者的特点,对销售过程中获得的利益,以产品、服务、礼物等多种不同的形式返赠给消费者,满足了消费者的真实需求,拉近了消费者与调味品之间的关系,实现了消费的链式和谐和持续发展,实现盲返方式很多,需要消费的大数据支撑来完成。

2. 盲返区

生产成本与销售价格之间的部分,我们将其称为盲返区,盲返区目前只涉及分配,而暂时没有经济学概念,仅仅是从生产消费链运营而言。盲返的空间大小决定了流水、人力等,同时也决定了盲返链的长短。

3. 盲返的特点

盲返没有固定的模式,前所未有的消费或者服务不断出现,但是它会执行一个合理、平等的回报模式,盲返具有以下特点:

(1)消费平等。

消费者消费、采购调味品等的过程不同,获得的返赠也不同,这使消费更加合理化。

(2)分享平等。

不同的调味品消费带来不同的调味分享,产生多种返赠,使销售办法和手段更加多样。

(3)生产平等。

在原有生产的条件下,增加更多促进销售调味品的盲返方式,采用平等、客观的销售办法和措施。

(4)平等付出。

所有消费者为调味品销售的付出所得均可通过不同形式的盲返得到兑现。

(5)灵活高效。

根据调味品的销售数据和消费者消费的数据,选择不同的盲返模式,做到盲返更加灵活多变,高效满足消费需求。

(6)科学合理。

盲返是为了更加科学化、合理化、规范化、高效化、便捷化、自主化的调味品发展而诞生的超级合理的销售趋势。

4. 盲返案例

2005年某一调料生产成本为2.55元/袋,市场终端销售价为15.9元/袋,可以执行的盲返区为2.55~15.9元/袋。2022年生产成本为3.09元/袋,市场终端销售价为22.8元/袋,可以执行的盲返区为3.09~22.8元/袋,盲返的内容从过去的返货变为现在的返多种多样的产品或者服务,销售也从过去的不足百万增长到今天的约4亿年销售额。

以280g香辣酱售价32.8元/瓶为例,销售一返赠三,相当于赠3个32.8元,这3个32.8元可以是一次性,也可以是多人多次性,还可以是多层次的,这种盲返模式成为销售的新手段,对于口碑过硬的调味品非常奏效。

二、盲返效价

(1)破解涨价痛点。

传统的涨价不一定科学合理,盲返可以解决涨价的痛点,改变过去纯静态的返利,做到随机性的返赠,使涨价做到让消费者和生产者双方都满意。

(2)实现消费商升级。

盲返没有固定的返利,可以采取多种多样的模式提高消费商的积极性增强,从而实现消费商升级。

(3)调节价格。

传统的调味品定价可能不合理,盲返可以调整传统定价,解决传统定价弊端,让调味品定价更加合理。①价格是调味品的话语权。"定价定未来",以消费来定价,用盲返做到合理定价和消费调整,让消费者得到超值享受,让价格真正得到消费者的认可;②盲返调节价格敏感度。调味品行业必需消费品的属性和低值低消耗的特点,以及消费之后的忠诚度普遍较高,使对具有自创价值的调味品价格敏感度很低,产品话语权大。在此基础上利用盲返适当调节消费者的价格敏感度,刺激消费者消费,从而提高调味品的复购率。

(4)转移价格战。

传统的调味品销售价格战已无法抓住消费,盲返可利用消费的弱点,抓住消费者心理,从而转移价格战思维。

(5)高效数据。

盲返的规则非常多,因为不同的角色而不同,细节执行也是多种多样,通过盲返产生的流水就比较复杂,并可获得大量的数据信息,利用这些数据进行分析和挖掘,实现更多的变现。

(6)盲返多样趋公平。

盲返可以分阶段、分时段、分季节、分气候、分地域去实现不同的盲返空间,因条件而异,没有固定的空间反而更加公平化。

(7)利润更趋合理。

对于调味品的利润,盲返的目的不仅是赚更多的利润,更是解决利润高度分配不均的现状,直接戳穿调味品市场表现的乱象问题,实现合理利润的追求。

(8)超值满意。

盲返实现了调味品满足消费者需求的灵活性,不再是传统的没有转换空间,使调味品整个消费链获得满意的体验。

三、盲返的品牌表现

样板市场是团队成长和客户了解企业运营的基地,样板市场是成就长远品牌的根据地,做好样板市场非常关键。一些新的品牌很难发展起来就是因为没有做样板市场的决心,没有有计划的投入,一味涨价,无法做到实实在在的利润持续。盲返同样是一分付出一分收获,为消费者付出的人心,获得消费者的消费,促进消费者复购甚至消费传播,将消费打造成为常态的复购。

(1)盲返裂变销售。

通过真实可信的服务,不断提高消费链诚信度,让消费者产生"赚到"的心理刺激,从而来提高销售量和复购率。现在一些企业已经利用灵活多变的盲返模式实现了销售的快速增长,出现一位业务员就能实现每月高销售额的现象。品牌利用数字化技术叠加盲返销售,构建前瞻业务模式,彰显"人品等同于产品"的做法,不断实现销售裂变。

(2)盲返促价值。

盲返之所以成功在于返产品、返数字、返爱好、返服务,顺其自然,科学合理,提高消费者黏性,自然产生复购,自动呈现价值最大化。

四、盲返新数字

盲返是数字销售的新措施。盲返销售的可信度很高,在调味品市场比较困难的前提下,盲返变现力和认可度甚至有希望达到将近100%,盲返销售的盲测结果可以达到90%以上,可行性可做到将近100%。数字是盲返的基础,盲返可以检验一个企业是否在脚踏实地做事,而不是在"作秀",只有真正做好盲返才能实现变现。盲返中可能会出现很多迷惑性数字,因为势能不同,很多盲返的数字要有相关性,假数字、水数字、不相关的数字都是没有价值的道具。加强盲返工作的细致化程度,可以很好地判断数字的作用,可以高效反馈市场信息,前提是必须将盲返执行到位,圈层消费没法实现调味品的持续销售,因此应及时掌握盲返的高效反馈,抓住消费。

盲返创新消费模式,使消费者的需求得到实现,引流调味品的消费,做到调味品盲返营销的可持续发展,利用过程化手段转化目标,用结果证明实力。从近三年某些盲返的案例可以看出盲返模式的高效,有些企业单品销售可达年40亿,实现日销售200万元,年创业资金8000万,新品牌、新产品、新消费发展势头强劲。

对于乡村产业的一二三产业融合发展,与盲返相关的数字更希望是变现,而不是建成多少工厂,等等。关键是增加调味品的销售,做好调味的本质,因质而高,因消而变,实现跨界融合数字新消费(图4-1)。数字销售店铺即虚拟店铺,可为实体店增加多个入口,打造数字店铺销售调味品的盲返营销模式,使数字技术发挥更好的作用,目前盲返共享店已经出现。

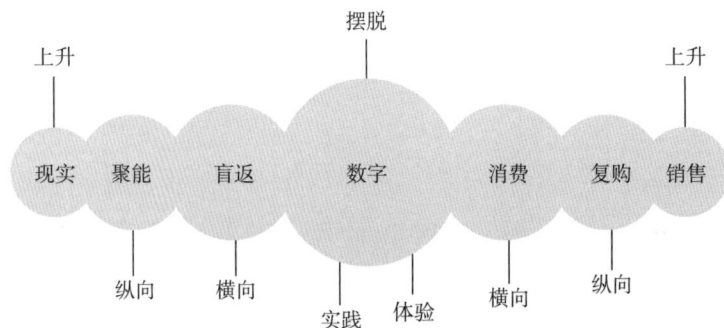

图 4-1 中国调味品盲返数字新消费

五、刚需的盲返

（1）现实需要。

调味品作为生活消费的刚性产品，与人们日常生活息息相关，但现在全国调味品销售异常困难，疫情原因是一方面，深层次的原因是什么？难在什么地方？现如今消费者的健康需求势不可挡，拓展和外延的消费强劲，调味品仍然处于"小孩"阶段，对于满足人们的需求尚有巨大的发展空间。利用灵活多变的盲返模式，尽可能满足消费者需求，才能实现调味品的持续消费。

（2）吃好需要。

全国有机调味品尚未达到全球销售30%的份额。我国新疆的番茄可以实现全球销售，形形色色的调味品也有望卖到全世界，调味品的多样化、个性化、健康化消费逐渐成为趋势，保质期更是实现了多种多样，三到五年的都有，扩大了销售范围，人们对调味品的要求不断增加，利用盲返销售模式，调整调味品价格，提高调味品质量，不断满足消费者对调味品吃好的需要。

（3）调味品持续发展需要。

我国调味品发展处于什么阶段？从不同的角度看有不同的看法，市场需要什么样的调味品呢？这都是调味品能够持续发展需要解答的问题。调味品消费的数字体现在我们生活的各个方面，直接影响到我们要做什么样的调味品。盲返模式可以获得大量用户的数据，通过数据分析和挖掘，可以对以上问题有所了解，从而实现先销售，后布局，数据体现了调味品消费的方向，利用大数据可以实现调味品销售的 n 级增长。

六、盲返聚能

1. 如何通过盲返实现聚能

专一的调味品才是出路，2005年，某调味品行业模仿其他产品低价低利润的销售模式，但经过实践之后，无法实现调味品的持续销售。2013年，某调味品行业开始摒弃模仿思维，但并没有脚踏实地地做起来，以失败告终。2019年，某调味品行业不断聚焦单一调味品，深悟自创的结果，实现单品过亿，这就是传统的调味品脱局，盲返更加适合这样的调味品，销售的话语权、定价权都控制在企业自己的手里，2022年有些调味品单品的销售已经突破6亿元。

2. 裂变聚能新盲返

"五五裂变"将团队消费商进行无限复制，不断分享，实现利润增长（图4-2）。

3. 盲返改变消费

（1）增加消费。

消费增值，新的消费带动依靠盲返来实现，盲返做得越细消费增加越多。

（2）改进消费。

消费力下降的情况下，通过盲返来改变调味品的消费，做到消费更加有效。

（3）促动消费。

在疫情期间，采用盲返产生很好的效果，带动某一调味品品牌销售额增长53%，加大了消费力度。消费力度上升源于消费者自动裂变，促进有效消费的能力得到实现，真正实现了强大的消费能力。

五五裂变

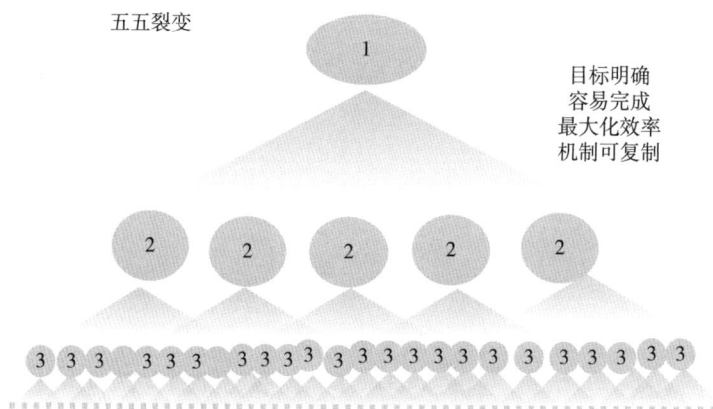

目标明确
容易完成
最大化效率
机制可复制

图 4-2　中国调味品五五裂变销售

（4）增加消费量。

盲返使人货场发生了巨大变化，大大实现了消费量的上升。

七、盲返多形式

电商、拼购、直播、视频销售等都在做盲返营销，返现金、返产品、返服务，为了带动消费，甚至出现了买多少返多少的全返做法，全返的消费如果带来复购就是锁住消费，全返针对性要强才有效。

现在逐渐流行的"分享购"的新型消费方式带动了盲返裂变引流，能够精准抓住消费的特点，把主要的调味消费进行整合，通过分享调味产生用户黏性，增加信任度。

消费商时代出现了积分返，盲返积分兑换不同的等价产品。积分可以渗透所有的消费流通环节，消费商的盈利模式更加优化，真正做到了消费的多方共赢。

众筹返，通过消费的返利变成多种分配的思维来实现众筹返利，可以结合多人的返利一起变现，也可以赠送或者转让，加强消费的多元化结合。

可根据消费制定不同的盲返方式，部分返是其中之一，还可根据消费调味品的方式和消费黏性制定倍返来提高调味的价值和增加消费。此外还有各种周期返、时间返、时段返、节日返等多种刺激消费的盲返。

第五章　消费商

一、消费即调味

疫情对调味品行业造成了一定影响,一方面,由于餐饮行业受到了极大影响,因此与餐饮相关的调味品行业也受到了极大制约。另一方面,以方便速食、速冻调理食品、预制菜等为代表的食品工业企业,在疫情期间都得到了快速发展,这给调味品市场又带来较大的拉动作用。

整体来说,疫情后调味品行业的复苏始终比较疲软,消费者的需求是调味品的根本,当下大多数调味品消费停留在攀比的恶性循环中,只有进行调味品消费革命,调味品经济发展才能复苏,中国味道才能崛起,消费者发展成为消费商未来的必然趋势。另外,新消费促进了调味品行业数字化转型,不断满足消费需求。

调味品消费商的出现带来了调味品行业消费的改革和升级,让调味品消费者也参与了利润分配,让更多人成为消费商,分配更加合理性。

1. 调味品的特点

调味品消费做好了才有复苏,数字引导发展的中国调味品具有前瞻性、长期性、持久性、自主性、全民性、聚能性的特点。

(1)前瞻性。

调味品持续发展体现在未来对调味品的持续需求,未来对调味的需求会有所增加,调味的层次和热度会更加强劲。

(2)长期性。

调味品不是短线产业,是长期性的持续需求,不会卷断和短缺,人们长期需要。

(3)持久性。

调味品产业的发展是持久的,不是工业化商品思维,而是持久螺旋式升级的。

(4)自主性。

调味的作用因为特色、需求有自己的自主特征,自动产生吸粉和消费引流,不同于一些消费次数有限的产品。

(5)全民性。

调味品是全民需要,没有因为人的不同而产生巨大差异,对于所有人都需要的调味品普及率非常高,几乎没有不消费调味品的人。

(6)聚能性。

调味品的动态消费特点明显,能够通过消费带来新的能量,实现更多消费商聚能,盲返聚能,乃至于其他多种方式聚能,更大限度实现调味品品牌开创。

2. 消费商行为

(1)角色转变。

消费者变成消费商,不断把消费的任何一个细节转变成为增加消费和销售的话语权,消费商成为消费大使并实现调味品价值最大化。

（2）强化消费链。

全调味消费链让消费更加清晰,消费商的作用越来越大,消费商体现消费命脉,处处都是消费商的身影,消费者、生产者、开拓者成为和谐成长的相互补充,消费商的工作贯穿整个消费链。

（3）完善消费认知。

消费商自媒体形成,人人都有可能成为消费商,不断纠正消费认识的误区,通过完善人们的消费来实现更好的调味品销售。

（4）消费裂变。

消费行为实现裂变,释放消费活力,解决从 0 到 1 的突破就是消费商将调味品做细、做精的动力,提高调味品的竞争力。

（5）持续完善。

根据调味的特性持续完善消费商的作用和效果,让消费者消费调味的价值得到实现。

（6）消费商定位。

电商和直播等只是销售措施,没有实际消费的重复是没有意义的,最终还是需要靠调味品本身实现复购,恶性竞争不可能有春天,充分证明了:没有企业的时代,只有时代的企业。

二、消费革命建设

1. 避免"一窝蜂"

诸多调味品产业园"一窝蜂"出现,同质化现象严重,优势不突出,定位不明确,整个行业面临着诸多挑战和新消费的冲击,在这种情况下,深挖调味品消费的源头建设、根源建设显得尤为重要。

2. 健康革命

调味品行业能做到消费者爱吃、吃好、吃出利润才是胜利,吃健康是调味品行业革命的关键。高品质的有机调味原料越来受欢迎,原汁原味的传统吃法更能让消费者吃明白、吃清楚。

3. 深挖消费本质

现如今消费实体发生巨大变化,面对贸易和投资活动持续低迷,世界各国经济复苏仍然具有不确定性的现实,调味品全产业链、供应链、消费链严重受阻。调味品作为中国内循环带动的民族灵魂,正经受着全球通胀的考验,我们需要深挖调味品消费商的商业本质,不断满足消费者的需求。

4. 消除泡沫

近几年,调味品行业的泡沫被戳破,调味品品牌思维失效,失去了商品的本质,商品回归资本主义的产物失约。

5. 利用政策

一些地方政策提高了调味品消费效率,不断满足人们对美好生活的追求。

6. 打造口碑

口碑成就品牌,借用口碑展示调味品价值,是消费商尽力的表现。

7. 聚能

（1）人。

识千万人为调味品消费带来千万条道路,人促进调味品增值、增能、增利,人的作用促成调味品规范、合理地发展。

（2）识。

对调味的认识不断升级，将调味品消费商的作用放到最大，满足不同层面的需求，实现聚能。

（3）实践。

知行合一，因时因地因利进行调味品实践，利用"知+识+实践"来提高调味品品牌竞争的实力和能力。

（4）抓住关键点。

做正确的事，利用消费过程的"无用之用"带动消费，抓住消费的关键点，将调味的作用发挥到"刀刃"上。

（5）体现文化价值。

挖掘民族文化价值，结合调味品销售，塑造具有消费意识的深远带动。

（6）日常积累。

生活中调味品的使用是消费形成的根本，日常积累的消费就是调味品聚能。

（7）消费认可。

满足消费者需求，获得消费认可，选择正确的调味品，满足人们对"吃好"的期待，目前来看，调味品行业发展的正确道路就是选择生产更加健康的调味品。

（8）不忘初心。

调味品的初心是满足人们的需求，不忘初心，坚守品质，做好调味品，争取成为行业典范。

（9）消费意义。

理解消费的意义，坚持持之以恒的消费精神，成为穷不失义、达不离道的调味品消费商，促进复合调味的未来发展。

三、调味消费的灵魂

消费者对健康的需求越来越高，因此健康调味成为消费的灵魂。消费商根据消费的规律采取不同的营销方式，自然带动调味品的发展。带动消费是消费商成熟的表现。深挖消费才是调味品根本的出路，也是消费商的机会。调味品的消费创造多个产业的结合，聚集人们的智慧形成生态产业，带来多方面的价值和消费。抓住消费就是抓住人们"吃好"的心理，一些调味品产业空心化、思路照抄化严重，消费无法成立。

农民、农村、农业、农产品示范的健康消费，不停留在文件上，而是把农村高品质的调味品还原成为城镇对乡村空气、土壤、水等自然生活的向往。

消费商的能力实现裂变，有限性的消费得到实现；聚变，实现非同质化的无限扩张；聚变与裂变的关系不断升级协调，实现消费商的关键变化。

四、消费商服务

1. 保证高品质

高品质的调味品原料主要来自乡村，将乡村调味品的源头做好是对人们的健康负责，满足健康刚需，保障源头安全，保证调味品原料健康，提高人们生活质量。

2. 链条完整

保证调味品品质使消费者得到满意的调味食品,实现调味品全产业链升级,形成看得见的生长过程、加工过程、吃好过程,拉近乡村和城镇的关系,为人们吃好中国味道做出贡献。

3. 复苏在望

消费得到实现、消费链健全是复苏的前提,谁重视消费谁就能发展,谁就有未来,谁做好消费谁就是样板。

4. 消费特性

消费具有盲目性、浮躁性、恐慌性、模仿性,提高消费自主性、自觉性、迭变性对调味品的发展具有非常重要的作用。

(1)盲目性。

跨地区跨区间等不同需求的消费存在盲目性的选择,调味品的韧性满足盲目性的消费选择。

(2)浮躁性。

面对消费的不确定性,消费者的选择变得浮躁。

(3)恐慌性。

消费环境的突发变动带来消费恐慌,出现不同的调味品销售状态,提高了调味品企业的应变能力。

(4)模仿性。

消费模仿行为一直都存在,不同调味品、不同吃法、不同的体验都存在一定程度的模仿,过去的模仿能产生竞争,现在的模仿产生的竞争就越来越小了。

(5)自主性。

消费调味品的习惯是早就形成的,为调味自主性奠定了基础。

(6)自觉性。

调味的特性让消费自觉自然形成一定消费的氛围,让消费成为必然。

(7)迭变性。

消费因为受其他因素影响很多,迭变多样。

(8)中国调味品新消费热点(图5-1)。

5. 离不开的需求

人们吃好离不开调味品,乡村农民增收多少、农产品发展多少、农村美丽多少都离不开调味品的发展。

五、调味品消费商的机遇

(1)发扬中华饮食文化。

中华饮食文化具有上千年的历史,消费商应不断挖掘中国调味品的文化价值,宣传中华民族的饮食传统文化,增强民族自信心,促进中国调味品的发展。

(2)监督源头。

没有源头消费的经济实体就没有市场动态,消费者"吃好"是调味品产业发展的基础,有种有业的内循环才能实现合理、科学、均衡、持续地消费。

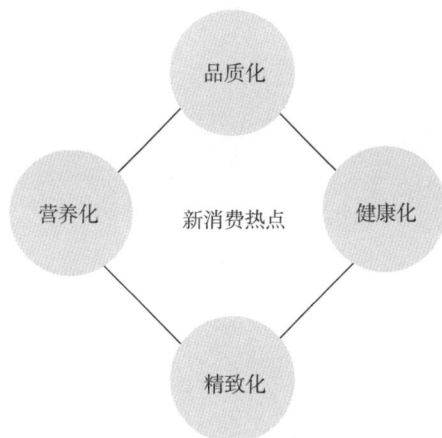

图 5-1　中国调味品新消费热点

（3）积极参加稳消费。

稳定的消费带动就业创业，合理分配改革，解决吃好的艰巨性，人人吃好的消费才可能实现产业化的高效转化，消除类似西式快餐里的不健康因素。

（4）认知革命。

企业从根本上获得增长，源于我们对消费的认知能力，认知革命就是消费商的最大机遇之一，认知水平高低决定消费商的价值有多大，通过认知革命改变消费商的未来趋势。

（5）独立自主规律。

消费商减少了浪费，最大限度使用能源，发挥资源的最大动能，改变消费环境，通过提高品质来提高生产率，实现消费的定价权，把握独立自主的原则，创新未来，把握趋势，赢得机会。

（6）消费者"所有制"。

消费商达成统一的消费共识，以人的生活舒适为目的，以服务好消费者为根本目的，降低社会运行成本。

（7）消费者主导市场。

调动所有人的智力，将人们的需求与消费结合，形成消费主导性。

六、消费商面对调味品的现实

1. 消费持续低迷的原因

（1）源头。

消费的源头发生变化，消费商对原创性消费需要适应的过程，顺畅之后可以摆脱消费的束缚。

（2）涨价。

在人均收入没有增长的前提下涨价，会导致消费的持续低迷。

（3）经济商品不成立。

按照商品的思路，大多数调味品难以适合市场，没有规模化的产品生态链，调味品就难以生存发展，不同时期的疲软成为事实。

（4）预测失效。

不确定的消费需求,调味品消费预测失效,导致调味品的消费无法实现增长,调味消费需要更加理性化。

（5）金融属性。

调味品行业需要金融属性为产业奠定基础,保障调味品产业链畅通,不然很多产业需要重构。

（6）没有听取大多数人的意见。

（7）没有核心竞争力。

很多企业外强中干,仍然处于婴儿期,需要长时间的核心塑造。

2. 调味品的消费模式

调味品的消费模式是以"消"形成的调味品全产业链体系化、模块化、智慧化、全员化模式。

3. 消费趋势

调味品消费的大趋势是健康、体验、有机、本味、透明消费、高真诚度、互动强,消费者自身认购、认买、认定。

4. 老年消费

调味品老年消费健康化加快,便捷化成为常态,中年人消费趋向个性化发展,尊重自身喜好,新消费注重调味的形态、体验、频次、复购。

5. 传统食材有机化

深挖消费,不断加强传统食材的有机化发展是适应消费的必然选择。

6. 川调全产业链

传统川味的优势明显,全产业链不断优化,同质化竞争减少,源头竞争力提升,深挖记忆味道,实现了共生共赢的相互依赖,餐饮需求的程度不断增强,健康需要不断提高,透明消费加强。

7. 全球化定需

调味品全球优化发展高度渴望消费的可得性和健康度,创新调味,消遣式消费,可持续的调味消费引导定制调味创新活力。

七、调味品消费商的发展趋势

1. 为人类需求服务

调味品消费与人们越来越广泛和深度的需求具有不可分割性,消费商越来越明确自己是为人类的需要服务而不是为企业服务,企业生命有限,但人们的需要是无限的。

2. 国际化水平提高

当前我国正处于消费国际化水平加速提升的关键时期,顺应调味消费国际化发展趋势,调味品消费商的能力不断增强,国际化的调味品消费商越来越多,推动调味消费的国际国内融合,有助于缓解消费国际化进程中的供需矛盾,推动我国调味品消费升级,朝着更高层次发展。

3. 踏实做好消费

调味品消费商越来越意识到踏实做好消费才是根本,做假、作秀、不作为无法实现长期的消费增长,只有脚踏实地,有战胜困难的决心和恒心,才能将自己的品牌做实做好。

4. 狠抓健康

调味品从吃好到吃健康消费的变化,促使调味品消费商进行重大的消费调整,传统拼价格营销模式不再拥有机会,狠抓健康消费,提高调味品的科学消费程度。

5. 柔性服务

消费需求结构发生巨大变化,传统的生产销售模式不再适合调味品行业发展,消费商适时灵活地整合营销资源以适应并满足客户个性化需求,提供柔性化服务助力调味品产业升级。满足消费的极致就是更加人性化的生产,过去的宣传方式不再被消费认可,体验消费成为最直接的宣传方式。

6. 数字化渗透

数字化的调味时代,不仅是生产和销售环节,包括消费商的所有消费的相关环节都进行了数字化转型,数字化渗透到消费的每个细胞。

八、调味品消费商的潜力

1. 长期价值

调味品特色化发展不断呈现出高大上的趋势,不断演绎灵魂级的消费,消费一直升级,新消费以消费者需求端的心智诉求为主导,调味品产业复合化、标准化、产业化、特色化、规模化、资本化发展都是通过消费来完成的,消费是调味品实现长期价值的原因。

2. 协调破局

消费是促进调味品产业不断丰富、不断满足刚需、不断升级"吃好"的原因,调味品企业和消费商协调发展才能打破调味品产业举步维艰的局面。

3. 高速成长

调味品行业发展,促使大量替代品出现,一些调味品的市场需求会越来越萎缩,酱油、醋、料酒、鸡精、火锅底料等调味品正处于这样的局面,这也促使调味品消费商高速成长,消费者终于进入革命式变化时代,参与商品利润的分配,给调味品行业注入了新的活力。

4. 把脉规律

有机调味品占调味品的比例目前还没有达到30%,依然存在巨大商机,调味品企业存在多种不确定性,调味品消费商只有把握调味品市场规律,才能占据市场先机,实现快速成长。

5. 找到吃的价值

调味品行业的发展要做到吃好和吃出价值,调味品行业具有复杂性,一个调味品不是单一的产品,一个卤料涉及数十种配料,上百个相关供应链,消费的分级和习惯则更加复杂。调味品小众化一直是这个行业的特点,但是调味品的重要性不言而喻,调味品的重要作用在于改变我们吃好的重要性。

6. 多维思考

调味品消费的变化不同于人们的线性思维,原料涨价价格就高,这往往是一个假象,更多企业容易忽视调味原料使用不充分的问题,同样的企业、同样的原料、同样的做法依然也存在成本等不同的现象,需要从多个维度进行思考。

7. 应生改变

消费的改变,必然催生更多人们吃好的场景,调味品的价值得到体现,因为消费者的变化,调味品发生巨大变化,餐厅和家庭都出现了极致体验的消费,消费频率和思维也发生巨大变化。

8. 反对内卷

消费内卷化不可能持续,人们吃好的转变是集体意志的体现,不会以少数人的意志而转移。调味品表面内卷,实则无创新,生产供给难以满足消费需求,不断创新,消除无意义的内卷,才能实现长足的发展。

全国大健康媒体联盟

贺 信

　　喜闻《2020全国调味品行业蓝皮书》又要见面了，一年一本，一年一个内容，体现的价值已被诸多事实证明，网络上绝版的2016、2017依然好使用依然高效，相信用心可以成就一切！

　　聚志同道合者，做一切皆有可能，尤其是未来的不可能，今天的《2020全国调味品行业蓝皮书》中国调味品消费致胜、中国调味品复购趋势、中国调味品健康趋势、中国调味品动销新亮点、中国调味品精准销售五方面原著原创源于实践，实则难能可贵！

　　这不仅仅是一本书，更是高端务实推广的典范，成就不少案例和数据，为我们全国调味品人解决您一切后步之忧！

　　祝贺《2020全国调味品行业蓝皮书》成功发行！

全国大健康媒体联盟秘书处

二〇二〇年二月二十三日

河北省调味品协会文件

贺 信

喜闻《2023全国调味品行业蓝皮书》即将出版发行了，十分期待！在此，河北省调味品协会热烈祝贺《2023全国调味品行业蓝皮书》成功出版发行!

《蓝皮书》作为行业综合性研究报告，多年来备受读者青睐。《2023全国调味品行业蓝皮书》聚焦新型销售、预制菜、消费商、调味品新特点等行业热点内容，关注调味品行业发展，兼顾宏观与微观、理论与实践并行，对调味品行业健康持续发展有着切实意义。

多年来，为我会举办的"中国调味品产业发展高峰论坛"（以下简称论坛）提供了具有行业特色和现实指向的理论数据与热议话题，助力推动产学研对接，促进思维碰撞，为搭建产业联合发展平台起到了积极的参考价值。今年的第十四届论坛将于5月在河北保定举办，期待与行业同仁共同交流、探讨、对接、合作、共赢。

再次祝贺《2023全国调味品行业蓝皮书》畅销发行!

河北省调味品协会

2023年3月6日